Fünf ziemlich radikale Naturpropheten

Ein mehrtägiges Gusto-Gräser-Fest 1978 auf dem Monte Verita bei Ascona. Links der stehende Wortführer heißt Werner Pieper, rechts der stehende Wortführer heißt Hermann Müller.

Ulrich Holbein

Fünf ziemlich radikale Naturpropheten

Christian Wagner aus Warmbronn
Karl Wilhelm Diefenbach
Gustaf Nagel
Arthur Gustav Gräser
Willy Sophus Ackermann

1. Auflage, 2016
Erschienen im Synergia Verlag, Basel, Zürich, Roßdorf
eine Marke der Sentovision GmbH
www.synergia-verlag.ch

Umschlaggestaltung, Gestaltung und Satz: FontFront.com, Roßdorf

Vertrieb durch Synergia Auslieferung
www.synergia-auslieferung.de

Printed in EU
ISBN-13: 978-3-944615-43-1

Bibliografische Information der Deutschen Bibliothek
Die Deutsche Bibliothek verzeichnet diese Publikation in der deutschen Nationalbibliografie; detaillierte bibliografische Daten sind im Internet unter http://dnb.ddb.de abrufbar.

Inhalt

Erst die Dampfmaschine, dann „Zurück zur Natur!"

Kurze Weltgeschichte naturprophetischer Gestalten

VW produzierte im Mai 2005 den 100millionsten VW. Trotz schwächelndem Autoabsatz werden pro Tag in Peking 1000 neue PKWs zugelassen.

Der Schrei nach Wirtschaftswachstum, zwischen Chemo-Therapie und Fettabsaugung, machte Energiesparer zur Randverzierung, zwischen Flutwaisenschwemme, Mautpreller-Boom, Terrorexperten und Willkommenskultur. Turnschuhminister u.a. Grüne, und deren ephemere Ex-Pantomime, verpufften im Realitätsprinzip.

Aasverzehr, ADAC, AKW, CDU, USA, VW & VWL obsiegte über FKK, LSD & J.S. Bach.

BSE konnte den Wahn der Carnivoren nicht stoppen, pro Tag europaweit 6 Millionen (!) Tiere aufessen, also schlachten zu wollen, in zwei Tagen 12 Millionen, in drei Tagen 18, in vier 24 etc.

Um 1975 soll es Eltern gegeben haben, die was gegen Kriegsspielzeug hatten (schöne Legenden); heute tötet jedes Kind pro Viertelstunde 200 dreidimensionale Menschen, mit naturidentischem Todesschrei und Blutfontäne beim Köpfen, und wird als Graukopf nur wiedergewählt, wenn er auch wirklich immer so weiterbombt. Alle punktuelle Gegenwehr vergebens, alle Naturverbundenheit umsonst.

Im Windschatten schrumpfte Restnatur zu Vorzeige-Golfrasen, Trimm-dich-Pfaden, verkleckertem Weltkulturerbe und places of popular intrest. Die Sehnsucht aller Asphaltpflanzen nach Blumenwiesen produzierte eine gespenstische, rührende Wachs- und Schnittblumenindustrie. Millionen Wohlständler, gebeutelt von Zentralheizungsgrippe, gucken Schwarzwaldhaus und Gutshof 1900, wo es, statt bunte Artenvielfalt, auch nur spritzmittelresistenten Löwenzahn zu sehen gibt. Zugleich verkauften sich Kräutermärchen, Bücher über Rosenzucht, eßbare Wildpflanzen, Baumhäuser und vergessene Gemüse jederzeit ganz gut. Jeder Neuzeitbewohner durchschaute gute alte Zeiten, schimpfte auf Knochenschinderei und Säuglingssterblichkeit. Aber „Guter Mond, du gehst so stille" klang halt doch a bisserl seelenvoller als Wildecker Herzbuam mit percussion.

Weiterzappelnde Gemütsreste sehnen sich mitten in ihren Nekrotopen zurück in unverschandelte Landschaften, zum Teil mittels Kostümfilmen, z.T. via Toyota-Autoreklame mit traumhaft abgelegenden Grüngebieten, fernab 30 km langer Verkehrsstaus und Petrodollars.

Einzelne Hirne sehnen sich bei runtergekurbelter Autoscheibe nach dem Comeback der Dinosaurier, der Druiden und Zauberer, der Handarbeit, des Korsetts, des Puritanismus – und nach Natur, z.B. nach französischen, nein: englischen Gärten, nein: Urwäldern – es muß ja nicht gleich die Altsteinzeit sein.

Damals bahnten sich Ungleichzeitigkeiten bereits schon fühlbar an, und dies zuhauf. Neandertaler entdeckten Speerspitzen, deren Funktion und Sinn ihnen nicht aufging, und schon starben sie als Benachteiligte langwierig aus, quer durch Jahrzehntausende zögernd. Bevor das Feuer entdeckt bzw. handhabbar wurde, gab's insgesamt nur Sammler und Resteverwerter. Holz konnte ohne Axt nur verarbeitet werden, wenn Bäume von selber umfielen; Fleisch konnte nur gegessen werden, wenn es gebraten oder wenn Tiere mit Fackelbeihilfe erjagt werden konnten. Bereits 35000 v.Chr. spaltete sich derzeitige Menschheit in zwei Lager, dann Fronten auf: Kaum zerfiel die Gesellschaft in Sammler und Jäger, schlug, indem sich den sammelnden Frauen immer ein paar schwächere Männer mitsammelnd anschlossen, die Geburt der Softies, der Antihelden, der männlichen Quasselstrippen, Großmäuler, die sich in besonderen Fällen zu Medizinmännern oder Wortführern hocharbeiteten, oder zu Wanderpredigern, also innerhalb von Nomaden mitwandernden Predigern, oder innerhalb von Ansiedlern von Ansiedlung zu Ansiedlung wandernden Wanderpredigern.

Sobald ein insgesamt erreichter technischer Standard einzelnen, die nicht ganz mitkamen, nicht mehr massive Survival-Probleme aufzwang, häuften sich Gegenstimmen. Nicht jeder wollte mehr die avanciertesten Novitäten mittragen. Erectus-Hominiden argumentierten guttural, auf allen vieren sei's doch auch Jahrmillionen gegangen. Troglodyten sträubten sich gegen brandneue Pfahlbauten; Holzhausfreunde hatten was gegen erste Fachwerkhäuser.

Orgiasten, die ungern langweiliger Staatsreligion frönen, tanzten lieber in Sufi-Trance um goldene Kälber. Nomadische Urhorden mäßigten sich zu seßhaften Kulturträgern, die als Griechen auf Barbaren schimpften. Je trostloser die Trockenwüsten des alten Orients in die Steinkolosse und Betonwüsten der Neuzeit übergingen, desto lauter der Ruf: „Zurück zur Natur, aber bitte nicht zu Fuß!"

Als die Menschheit noch vorindustriell herumvegetierte, hatte es kaum Naturpropheten gegeben. Kaum kamen Waren vom Fließband, kamen auch warnende Stimmen vom Band.

Alle um 1000 v. Chr. hochgekommenen Religionen wie Brahmanismus, Buddhismus, Dschainismus basieren auf Männern, die nicht Jäger sein wollten, auf Sanskrit: auf Vighasasin, auf dem „Speiserestesser", also auf Mönchen und Asketen, die sich der Jagd nach lebendigem Fleisch (Tiere und Frauen) enthielten, aber sowieso tot herumliegendes Fleisch durchaus verzehrten, weshalb dann auch Buddha an einer Fleischvergiftung starb. Udumbaras (Feigensammler), Bahudakas (Wasserfreunde), Phenapas (Schaumtrinker), Yayavaras (Wanderlustige), Hamsas (Wandervögel), Paramahamsas (höchste Wandervögel), in summa: Sadhus, Yogis, Fakire liefen als Präcox-Hippies durch die unzersiedelten Naturlandschaften des alten Hindustan (des Indien vor Columbus). Ihre Worte wurden zwischen z.B. 9000 und 1400 v.Chr. mangels Schrift nicht festgehalten, erst ab 700 v.Chr., dann aber in gewaltig vielsträhnigen Überlieferungsflüssen. Fortan gab es auf keinem Kontinent werktätige Gesellschaften ohne immanente Randverzierung religiös oder anders motivierter Schnorrer, wandernde Gestalten. Die Stadtstreicher, die in Hellas absichtlich bargeldlos und zerlumpt herumliefen, nannten sich Kyniker. Regenzauberer vergeistigten sich ab 700 v.Chr. zu Vorsokratikern und Philosophen.

Noch in den dekadenten Zeiten von Lukrez (Titus Lucretius Carus) lebten zwei Kulturstufen parallel: zurückgebliebene, wilde Männer, Bettlerkönige, die sich nachts mit Laub zudeckten, statt mit Fellen, oder die noch Fell trugen, statt Toga, als Tiere verachtet von hochgebildeten Togaträgern, Peripatikern, Demokraten und Snobisten wie Alkibiades, deren Anmaßung und Dünkel die Kyniker konterkarierten, indem sie selber die unehrliche Draperie abwarfen und sich als Gammler, Stadtindianer, Provos, Parasiten, vorchristliche Hippies, Punker und Obdachlose erleichtert in die härene Gewandung früherer Stufen kleideten. Sicher nicht erst Platon votierte gegen die Erfindung der Schrift, als alzheimerfördernde Maßnahme; ein Ur-Hippie und Alternativling namens Laozi (alias: Laotse) mischte einen Beamtenstaat auf und fand – vor Erfindung der Pinselschrift - die Mode der Einritzschrift unnötig, hätte gern gute alte neolithische Knotenzählschrift beibehalten, und votierte in Kapitel 80 des Dao-dö-Dschöng für Tante-Emma-Läden, gegen Monopolisierung. Ortsteile dürften nicht weiter auseinander sein, meinte Laozi, als einHahnenschrei.

Auch Laozis Zeitgenosse Diogenes von Sinope lebte daoistisch in den sonnigen Tag hinein und lobte sich Mahaviras und Buddhas Hauslosigkeit. Beim Daoisten Zhuangzi (alias: Dschuang Dsi), 450 v.Chr., fand dann die Grundsatzdebatte zum Problem Hightech und Energiesparen, die seither nicht mehr abriß, mustergültig statt: Dsi Gung hielt einem alten Mann, der sich mit Bewässerungseimern abrackerte, einen hebelgesetzkundigen Einführungsvortrag über den offenbar neuesten Schrei: „Man nennt das einen Ziehbrunnen!" Doch der Greis wollte von unschuldiger Arbeitserleichterung nichts wissen und rief als unauffälliger Vorboten späterer Maschinenstürmer: „Wer seine Geschäfte maschinenmäßig betreibt, bekommt ein Maschinenherz!"

Im Melting pot des alten Orients wimmelten Eremiten, Anachoreten, Wüstenbrüder, Täufersekten: neben römischen Jägern bzw. Soldaten bzw. Praktikern wirkten Johannes der Täufer oder Jesus wie archaische Taugenichtse, Softies und Speiserestesser mit hindustanisch-schamanistisch-magischen Wundertaten. Sie liefen auf Wasser, was Yoghis bereits 1000 v.Chr. serienweise pflogen; die jagten Schweine in Abgründe; sie erzeugten maritime Schlaraffenländer, à la Fischvermehrung. Minderbüder, Pilger, Narren Christi und Bettelorden im Katholizimus, mannigfach differenzierte Sufi-Asketen und trommelnde Sufi-Mystiker trugen im islamisierten Orient alle Attribute älterer Schamanismen weiter, trugen die offizielle Köterverachtung der Musulmanen nicht mit und pflegten lieber die altindische und zoroastrische und animistische Hundeverehrung weiter.

Unterdessen verausgabte sich die Menschheit im Innovationstaumel: China erfand Pulver, Papier, Römer Beton und Napalmbomben; Leonardo da Vinci Panzer und U-Boot; Patentämter ertranken in Patenteflut. Kaum mutierte Hochkultur zu einer hektisch ambitionierten, verkrampft dröhnenden Hochleistungsmaschine, bald auf Dampfmaschinen- und Lokomotiv-Ebene, genehmigte sich die Fachidiotengesellschaft und Borniwelt, zwecks Selbsterfrischung, ein gelegentliches „Zurück zur Natur": in Gestalt einzelner Quacksalber (mittelalterlicher Vorformen neuzeitlicher Gesundheitsapostel), pietistischer Wanderprediger wie der theologische Schwarmgeist Johann Christian Edelmann (1698-1767), die ihr Maschinenherz wieder abwerfen und weiter zu Fuß gehen wollten, als freiwillig zerlumpte Gestalten, urkräftiger Volksmund, Mensch gebliebene Gestalten, schräge Vögel, Vaganten, Blödelbarden, Romantiker, nachträgliche Urchristen, Prophetenbartträger, die sich nach katholischen oder vorindustriellen Zünften, Gewändern und Chimären dringend zurücksehnten, vom Realitätsprinzip weiterstampfender Hochkultur und Überzivilisation überall absorbiert, mitgeschleift, toleriert, bekämpft.

Mythologische Stammväter guckten als Blattgesichter aus dem betongrauen Stein gotischer Kathedralen. Walddämon Rübezahl, Eisenhans, Berggeist

Yeti und im Volksbrauch der grüne Georg, Green Man, Vegetationsgottheiten wie Pfingstlümmel, Graskönig, Baumgeist depravierten alsbald zu struppigen Barbaren, zu gehörnten und ungekämmten Göttern, Halbgöttern und Menschen, und zu Naturburschen wie Papageno. Ungekämmte Wandervögel, Täufergestalten und Minnesänger/Minengänger reinkarnierten sich in späteren Früh-Hippies. Ahasver wanderte als Francois Villon oder Rasputin weiter. Orpheus sang als Oswald von Wolkenstein weiter. Ein Früh-Hippie des achtzehnten Jahrhundertshieß – Struwwelpeter. Ein Kiffer und Fehlinitiant des neunzehnten Jahrhunderts – Krischan lat die Pfeifen stahn, bei Wilhelm Busch. Kalte Pantheisten wie Spinoza wurden von heißen Pantheisten wie Gustav Theodor Fechner angenehm abgelöst.

Die wohlrasierte Antike - in Relation zu stubbelbärtigen Barbaren - verlängerte sich variierend im wohlrasierten Rokoko und Goethezeit in Relation zu bärtigen Pilgrim Fathers, Quäkern, Herrenhutern, Amishen, die dann nochmal in Vollbärten wie denen von Karl Marx, Wilhelm Busch, Johannes Brahms, Julius Röntgen fröhliche bzw. gepflegte Urstände feierten und wahlweise an scheinbar verlorenes Mittelalter gemahnten, oder an die Dekrete der Patriarchen der Ostkirche: „Ohne Bart kommt keiner ins Himmelreich“, 1151 n.Chr., oder an unrasierte Germanen, die in verklärender Entsprechung zu ihren heiligen Hainen dann auch die Bärte unangetastet wuchern ließen. Jean-Jacques Rousseau, der eine Art buddhistischer Erleuchtung unter Bäumen empfing, na gut: unter Chausseebäumen, obwohl er bereits gegen Baumbeschneidung und Hundeohrendüpierung sinnreich polemisiert hatte, schabte sich Kinn und Wangen noch eifrig ab.

Neben hochkultureller Betriebsamkeit lief dann jederzeit jede Menge Subkultur mit, aber stets nur als Arabeske, statistisch nicht vorhanden, oft schief angesehn, wegen fragwürdig mitlaufender Persönlichkeiten, Okkultisten, Wahrsager.

Freikörperkultur versuchte rigide Kleidervorschriften abzuwerfen; Weltverbesserer polemisierten sinnreich gegen offensichtliche Fehlentwicklungen, Soldatentum, falsche Ernährung.

Die barfüßigen Erlöser der Weimarer Republik, und vorher, wurden zwar, wegen ihrer zunehmenden Kopfzahl, nachträglich „Inflationsheilige“ tituliert, und zu Lebzeiten als „Kohlrabi-Apostel“ belächelt und verhöhnt, liefen mehr oder minder imposant als Früh-Hippies, als deutlich unterscheidbare Einzelpersönlichkeiten herum, meist mit dringlicher message.

Der pionierhafte Gesundheitsprediger, Naturphilosoph, Publizist Johannes Friedrich Guttzeit (1853-1935) gründete den „Pythagoräer-Bund“, aus dem der „Internationale Bund für konsequente Menschlichkeit" hervorging, gab wortmächtige Schriften heraus, schalt die schweinefleischessende Gesellschaft „Schlachthaus-Zivilisation" und nannte als Obstesser die Milch gemolkener Kühe spielverderberisch „Kuhsaft".

Scharführer Friedrich Muck-Lamberty (1891-1984) löste 1920 in Thüringen eine kollektive Tanzwut aus; also schier ein vorauseilendes Openair-Festival, ein Woodstock ohne wummernde Bässe, dafür mit fliegenden Mädchenzöpfen, atmosphärisch also wohl eher verwandt mit Volkstanz, wo wir uns finden wohl unter Linden. Die einen verunglimpften ihn als Rattenfänger, die anderen umjubelten ihn als „Messias von Thüringen".

Der sehr ernstzunehmende, entsprechend humorfreie Reformator Karl Wilhelm Diefenbach sammelte brennpunktartig alle damaligen Weltverbesserungsideen in seiner Sammellinse, wurde sich lebenslang nicht untreu, auch wenn er noch so tragisch und lächerlich gegen Windmühlen lief.

Er und sein charakterlich abweichender Schüler Gusto Gräser – die unverrücktesten, bedeutsamsten Geister der Gesamtbewegung – mußten aber damit leben, daß einige andere Naturmenschen und barfüßige Erlöser, die sich gegenseitig in die Quere kamen, teils die Aufmerksamkeit stahlen, teils wie Karikaturen und Spottgeburten des Archetypus vom würdigen Wanderapostel umgingen und herumliefen, allen voran das merkwürdige Kuriosum Gustav Nagel, ein wandelnder Witz und tumber Tor, auffällig wie Kaspar Hauser oder Tarzan in der englischen High Society, der als ein harmlos durchgeknallter Vorläufer späterer Dschiesesfreaks von sich reden machte.

Eine weitere Messias-Variante des eher finsteren Typs: Louis Haeusser (1881-1927), erst Champagner-Chef, dann Wahrheitsmensch, Geistesmonarch, von der suspekten Ausrichtung her eher eine Variante auf Rasputin, oder eine Vorausahnung späterer Sexgurus wie Otto Mühl; am allerwenigsten ein Naturprophet: Von Gusto Gräsers sanftem TAO-Gesetz ließ er sich nur zeitweise imprägnieren.

Inhaltlich hatten sie alle extrem recht: hätte die fortschrittslüsterne Gesamtgesellschaft auf ihre Botschaften gelauscht und danach gehandelt und insgesamt Pazifismus, Vegetarismus, freie Liebe, Naturverehrung, Barfußlaufen auf breiter Basis durchsetzen können, hätten Weltkriege, Raubbau, Königin Kohle, Erdölkriege, Öko-Krisen, Ressourcenverbrauch, Klimawandel nie so eklatant eskalieren können.

Jugendbewegung, Aussteigergruppen und erste Landkommunen namens Himmelhof oder Grünhorst bildeten, verglichen mit späterem Hippie Movement, nur eine sehr bescheidene Massenbewegung, in der Drogen fast keine Rolle spielten, und die auch keine eigene Musik hervorbrachte, sondern sich auf Wandervogel-Ebene mit Laute und Klampfe begnügte, oder in Diefenbach- und Monte-Verità-Kreisen sich mit Richard-Wagner-Particell auf selten traktiertem, verstimmtem Klavier befaßte.

Hätten berühmte Dichter wie Gerhart Hauptmann und Hermann Hesse, die mit Diefenbachern und Monteveritanern zeitweise sympathisierten, deren Ideen mustergültig vertreten oder dargestellt, wären sie genauso ungehört verhallt; denn kein einziger Denker, Querdenker und Vordenker, außer Marx, vermochte gesamtgesellschaftlich irgendwelche Massenbewegung auszulösen.

Nach den Urhippies und Frühhippies kamen die Hippies. Sie sangen trampend gegen die Spießer-Internationale an, also gegen die etablierten Nachfahren neolithischer Ackerbauern, mit Maultrommel, Pulsleier, Sprechkrawatte, Lichtharfe und Unterground-Magazinen, z.B. „FUCK YOU!" oder „Hotscha! Fun Embryo Information". Ihre blanke Kopfzahl machte sie zur Massenbewegung. Sie machten Jack Kerouac, Timothy Leary, Allan Ginsberg zu Hausgötzen, Übervätern und Wortführern und ahnten nichts von den einzelnen hauseigenen Vorläufern vor ein, zwei, drei Generationen, und wären nicht so gern auf die Idee gekommen, Wandervögel, Landstreicher, Tanzreigen und Pfadfinder als Vorfahren anzuerkennen oder auch nur vage zu kennen. Hippies trugen das indianische Stirnband wie Gusto Gräser, aber hatten diesen Namen nirgendwo gehört. Wie die Barfußerlöser als „Kohlrabi-Apostel" verspottet wurden, so jetzt die Blumenkinder als Chaoten, Gammler, Kiffer, Motherfucker, neue Nomaden, die sich zu revanchieren wußten und ihre Eltern und Regierenden umgekehrt „Neckermänner" und „Borniwelt" schimpften. Die Kollektivwoge aus Runaways, Beatnicks, Rainbow-People, Easy Riders, Flippis, Straßenkünstlern, Elektro-Bluesern, Körperpoeten, Anti-Karrieristen, Peace-Aktivisten, Autoharfisten, Andersdenkenden und vor allem wechselnden Schlagzeugern wollte nicht länger zusehn, wie sabbernde, lügende, wixende, arrivierte, lahme Schleimer und Präsidenten das Universum kontrollieren. „Wir sind diejenigen, vor denen uns unsere Eltern immer gewarnt haben!"

Früh- und Spätromantik hatte alles in allem bloß dreißig Jahre gedauert; die Künstlerkolonie der Naturpropheten vom Monte Verità nur von 1900 bis höchstens 1920; das Dritte Reich zwölf statt tausend Jahre. Kaum hatte die Hippieculture ihre yellowsubmarinefarbene Scheinblüte - nach kurzer C & A-Vermarktung – halbwegs entfaltet, begann sie offiziell zu verwelken, im Fastfood-Zeitalter.Der bunte Spuk der Flowerpower und allzu vorschnell fragile Quickie brachte es bloß auf drei, vier Jährchen, na gut: fünf, sechs – derweil das Haltbarkeitsdatum der DDR unästhetisch lange sich hinzog. Weit vom Baum gefallene Äpfel rollten zum Stamm zurück. Mächtige DNS rief.

Hippies und Yippies (= Youth International Party) verwandelten sich in Ex-Hippies mit Familie, Karriere, Kontoauszügen. Vom TV-Sessel aus sahen sie den wenigen unbeirrbaren Alt-Hippies beim Älterwerden zu, den Veteranen der Rebellion, den Oldtime/Longtime-Revoluzzern und Ex-Idolen. Aufmüpfige Alternativbuch-Verlage mutierten zu angepaßten T-shirt-Verkaufshäusern. Die vergessenen Kohlrabi-Apostel, die ihrer Ausgrabung harrten, hatten sowas nicht mit sich machen lassen: Familienleben und Gelderwerbsdruck hatten sie nicht ihren Idealen untreu werden lassen. Auch die Bee Gees, Donovan, Mick Jagger ließen sich (wenig anders als Rex Gildo oder Heino) von den dreißig Jahren, die binnen kürzester Zeit verstrichen, nicht weiter stören und tanzten als Dauergäste verjährter Jungbrunnen auf den Gräbern der Frühvollendeten (Elvis, Jimi Hendrix, Janis Joplin, Brian Jones), als ewige Comebackler und Grabflüchter, als lederne Fossilien, Mumien und Nachzügler ihrer selbst, mit 59jährigen Gesichtern bei weiterhin 24jährigen Stimmen, mit Frisuren wie am ersten Tag, zeitlose Blendaxbezahnung inclusive, anachronistisch schillernd zwischen Lifting-Messias und Gefrierbrand-Lazarus, frisch aufgetaute Strawberry fields forever. Das erfahrungsschwere Sprichwort „Kratz an einem Hippie den Lack ab, und es kommt ein Porsche hervor“ traf und schlug immer wieder zu.

Viele Ex-Hippies konnten gar nicht zum Fleischessen und zur Kurzhaarfrisur zurückfallen, weil sie vorher garnicht Vegetarier waren und nur Langhaarperücken getragen hatten. Viele waren nur Mitläufer gewesen.

Auch die Landkommunenbewegung der siebziger Jahre stieg vorzeitig vom Pferd und wechselte über zu Traktor oder Zweitwagen. Die Rebellen wurden ihren Altvorderen zusehends ähnlicher, genau wie die Grünen, um noch gewählt zu werden, immer CDU-förmiger anschwollen.

Goa, Poona, Auroville, Marrakesch, Kabul, Ibiza, Gomera blieben unvergessen.

Auf LSD-Kongressen, Herzbergfestivals, Retrospektiven und zum dreißigjährigen Jubiläum des Summers of Love zerrte man lebende Legenden aufwendig hervor, knapp auffindbare Galionsfiguren. Die Fiedeln und Schalmeien der thüringischen Tanzwut von 1920 konnten sich in den Berliner und Züricher Love Parades, die ab 1993 losdröhnten,immer schwerer wiedererkennen. Aber im Motto des Berliner CSD 2001 „Mein Bett – mein

Kampfplatz für den Weltfrieden!" aktualisierte sich unverwandelt die gute alte Hippie-Parole „Fuck for peace!" Von „Make love, not war!" blieb nur die halbe Miete übrig: „Make love!" Love, love, love spitzte sich auch mal arg überdeutlich zu zu einem „FICKEN 3000".

Okay, eigentlich braucht keiner den guten alten Hippies nachzuweinen. Zum Glück blieben ja alle, die nun rasiert und in Schale und Bügelfalten ihre Karrieren modellierten und Firmen hochzogen, im Herzen weiterhin Hippies! Ihre Essenz blieb in allen nachfolgenden, wenn auch dann wieder grauslig kurzhaarigen Subkultur-Events hegelianisch optimal aufgehoben, oder etwa nicht? Teilzeitaussteiger hatte es auch in Woodstock massenhaft gegeben.

Flowerpower-People, statt Blumen ungepflückt zu verehren, steckten sie in Gewehrläufe oder an Helme, instrumentierten sie also, konnten aber ansonsten Rosen und Gänseblümchen kaum unterscheiden. Auch Grüne, Peace-Aktivistenund Greenpeace kannten in ihren besten Zeiten – außer Sonnenblumen – kaum eine zusätzliche Blumensorte. Botanische Legasthenie grassierte. Da in kosmischen Gesamtrechnungen nichts verloren gehen kann, starben die verschollenen Naturpropheten von 1890 oder 1922 nicht gänzlich aus, sondern schlüpften inkognito unter in rezenten Neuheiden, Baumnarren, promovierten Teilzeitschamanen und Ethnobotanikern. Die blaue Blume des Novalis zeigte sich nun als Hanf, Fliegenpilz, Magic Mushrooms oder Salvia divinorum.

Mitten im Ressourcenverschleiß, WM-Fieber und Formel-1-Zeitalter wagten einige abzählbare Gestalten eine kleine frühlingsgrüne Gegenmelodie zu flöten, und hielten im Zeitalter der Grün- und Grauanlagen grüne Daumen, Fähnchen und Bilder von Heiligen Hainen hoch. Der Feenkraut- und Engelstrompetenmagier Sergius Golowin, der Pflanzenmystiker, Botanikkünstler und Sanctuariumsbauer herman de vries, der psychonautische Enzyklopädist Christian Rätsch, der Pflanzengeistflüsterer Wolf Dietrich-Storl, den man gegen seinen Willen den „Schamanen aus dem Allgäu" nennt, der rübezahlförmige Fliegenpilz-Mythologe, Elementargeistverehrer und Gartenzwergkenner Waldgong Bauer u.ä. – sie alle huldigen und frönen dem sympathischen Aberglauben, Germanen und Urbock-Berserker seien die besseren Christen, und reaktivieren in ihren eigenen Gestalten sinnreich und positiv den Archetyp des weisen Druiden Merlin, phänotypisch teilweise nicht völlig unverwandt zudem dem Kampfgreis Gandalf aus dem Herrn der Ringe. Sie stehn somit in der langen schönen tröstlichen Reihe historisch bedeutsamer Pflanzenseelenverehrer wie Cleve Backster, Bruno

Wille („Offenbarungen des Wacholderbaums", 1920), Theodor Lessing („Blumen", 1927), Wilhelm Mannhardt, Rudolf Borchardt („Der leidenschaftliche Gärtner", 1902 f.), Gustav Theodor Fechner („Nanna oder über das Seelenleben der Pflanzen", 1848), oder wie allerlei Chrysantemenzüchter der Tang-Dynastie, oder wie Gajus Plinius Secundus („Naturgeschichte"), oder wie Theophrast von Eresos.

Nirgendwo sieht man so traumverloren schöne Fernblicke und vorindustrielle, allenfalls von einer Schnellstraße durchschnittene Hügellandschaften wie in Auto-Reklame-Annoncen. Nirgendwo scheint der um 1910 auf dem Monte Veritá betriebene Ausdruckstanz so sehnsuchtstrunken aufgehoben und optisch gerettet vorzukommen als 2007 in den Bildwelten von Toyotas Werbeabteilung.

Landschaftsverschandelung, weiterhin unstoppbar, wird künftig die grüne Sehnsucht wachhalten.

TOYOTA (Jahreumsatz 239 Mrd. US-Dollar bzw. 14 Mrd. Gewinn 522 Tochterfirmen, 12 Werke in Japan, 51 Standorte in 26 Ländern, 320808 Mitabreitet) produziert pro Jahr mehr Autos als VW und General Motors, nämlich 9,9 Millionen Stück und warb 2007 mit einem ganz besonders naturverbundenen Bildmotiv.

Christian Wagner aus Warmbronn, um 1915

Wurzelsepp als Musensohn – mit Geistern und mit Blumen kann er reden

Christian Wagner aus Warmbronn, Kleinbauer, Blumendichter, Naturevangelist (1835-1918)

Der Dorfschreinersohn aus Warmbronn bei Leonberg versuchte Lehrer zu werden, aber seine Eltern brauchten ihn in der Landwirtschaft (7 Morgen Ackerland, drei Kühe). Unter „lesen" verstand man in seiner Heimat nicht „Bücher lesen", sondern „Linsen lesen". Jederzeit zog's ihn, statt in Wirtshaus und Kirchenschiff, in Wald und Flur. Daß ein Beuerle (Bäuerlein) die Bläamla (Blümchen) schön fand oder überhaupt sah, kam ansonsten praktisch nie vor auf dem Lande. Schaute er Blumen an, spürte er, wie sie ihn aufforderten, dereinst ihr Dichter zu werden. Der Jungbauer, der als Viehzüchter dem Metzger nicht entgegenarbeiten mochte, ließ sogar Unkraut weiterblühen. Reutlinger Schatzkästlein für gläubige Seelen mundeten ihm so ungesalzen wie Haberbrei und Habersuppe, wovon man, wenn nasse Jahrgänge null Grummbiare (Kartoffeln) und Obscht bescherten, monatelang leben mußte, eingespannt zwischen Futtermangel und Anspanngeschirr, ständig in Not, die notwendigen vier M zusammenzukratzen: Mehl, Milch, Most, Mark.

Obwohl der Christian gut aussah, schnappten ihm Unschönere die Mädele fort. Beschwipst auf einer Kirchweih versprach er leichtfertig einer erstbesten Unschönheit, der Anna Marie Glatzle, die Heirat, zum Gaudi umsitzender Lümmel,und fühlte sich – als der Suff abklang – ans Versprechen gebunden. Nach fünf Jahren Ehe mit ihr starben innerhalb von vier Jahren sowohl seine Eltern wie seine drei Kinder und im Kindbett des vierten Kindes auch seine Ehefrau. Da er nicht kochen konnte, verbrachte er den harten Winter, ohne zu heizen, in Stall und Scheune und heiratete nach drei Monaten nochmal, Christiane Kienle, zeugte nochmal vier Kinder, bang, ob ihm auch diese genommen würden.

Statt schaffe, schaffe, Heisle zu bauen, hockte der Sonntags- und Winterdichter abends lieber über Büchern und „Gedichtern". Statt als Vieh mit dem Vieh zu leben, blieb auch dieser Ackermann nicht bei seinem Leisten und Misthaufen. Der mit festen, markigen Knochen auf der wohlgegründeten

Christian Wagner aus Warmbronn: "Doch etwas ist zu schätzen an dem Blöden: Mit Geistern und Blumen kann er reden."

dauernden Erde stand, knüpfte in kummerbangen Nächten in stiller Stube an schwäbischen Volkes Weise an. Nicht nur zupfte er den Hinterleib seiner Kühe, sondern zudem, wie Balduin Bählamm, molk er am Euter des Geistes. Nicht wie Hornvieh stand er vorm Harfenspiel, zupfte lieber selber die Lyra und spielte als Orpheus dem Ochs und dem Eselein vor. Mit Macht zog's ihn gar sehr zum Höheren. Der Geist kam über ihn, und der Mann hub aufzuglühn an – lieber Kleindichter als Großbauer. Er konnte bald auch so wie sein Landsmann Ludwig Uhland, und er las sogar Lord Byron. In Sinnspruch, Kalenderweisheit und Merksprüchle schlich relativ reine Poesie sich ein. Blumen gingen in Blumenengel über.

Doch den verstockten Herzen seiner Mitbauern sagten artfremde Höhenflüge und Perlen wenig. Wirtsbuben und Kleinleute, ungnädiger gesagt: Saububen und Dumpfbacken, bärbeißig kleingeischtig, bestenfalls Eigenbrötler drangen in den geistlich spinnerten Flachs- und Hopfenbauern: „Guck, Christian, du sottescht di halt bekehre ond da Heiland besenga, ond net die eitle Kreature!"

Landjäger und Jagdpächter wollten von seinem Credo und Ansinnen, Tiere zu schonen, nichts wissen, naturgemäß. Wie Gerhart Hauptmanns Gottesnarr und Romanheld Emanuel Quint ward der Verseschmied vom Pfarrvikar gemahnt: „Aber wenn jeder Bauer Gedichte machen wollte, was dann?" Wagner nicht unpiffig: „Keine Sorge, es wird immer mehr Spatzen als Lerchen geben."

Lieber grübelte er überm Buch der Natur, statt überm Gesangbuch. Lieber barmherziger Heide als unbarmherziger Christ! Nie verglich er den Mond einer Hostie. Nannte er Hyazinthen ‚fromm', dann nur aus Reimnot.Kaum schlug er vor, neben kirchlichen Festen auch Naturfeste und Rosensonntage einzuführen, wollte seine vierschrötige Umgebung ketzerisches Gedankengut hineinhören. Wer in der aufgepfropften Lerche den Spatz durchschimmern sehen wollt, mußte nicht lang suchen. Aber wer bei der Versifexerei der schlesischen Nachtigall Friederike Kempner grinsen mußte und wollte, hatte bei der schwäbischen Lerche etliche Etagen höher zu steigen. Beim Dichten kam's dem Hochdeutschdichter grad so vor, als spräch er ausschließlich aus „Inspiration" (die nannte er auch so).Storchlied, Kartoffelgeistlein und „einzig im Gemüte" wehten von Mörike her;„holde Traumgesichte" aus Musenalmanachen für die Damenwelt, Englein aus Wunderhornpoesie, und daß sie die Flügel spreiteten, aus Eichendorffs Posthornromantik.

Erst als ein Mann von fünfzig Jahren hatte er einen Strauß beisammen, den er dann auf eigene Kosten drucken ließ.Täglich hatte die Erde ihn

„Die Katzen steigen an ihm auf und ab wie die Engel an der Jakobsleiter", nämlich an Christian Wagner um 1915.

pausenlos wieder: Der Pegasus blieb im Joch, zwischen Knochenschinderei und Ernteausfällen, Tribut, Abtrag und Schuldscheinen, knapp ausbalanciert von Ehrengaben aufhorchender Schiller-Stiftungen oder begeisterbaren Kommerzienräten in entgeisteter Zeit.

Wacker griff Wagner, wozu reimende Erdenklöße eigentlich nie neigten, zu reimlosen Formen, antikem Maß sich nähernd. Zwo Jahre brauchte er, um den hehren Hexameter sich gewissenhaft anzueignen, was seine Leute mit ‚hexhex' verwechselten. Als seine „theure Gattin" bald gelähmt darniederlag, wirr redete, tobsüchtig wurde, schoben's die abergläubischen Trottels auf seinen mäßigen Kirchenbesuch. Dabei war's Mittelalter eigentlich seit dreihundert Jahren um. Ein absunderlicher Kehraus ließ die Puppen tanzen, seltsamlich verquirlbare Stilschichten, Höhenlagen und Spezialtöne. Schlichtes Labkraut, ein nettes Unkräutlein, dem noch keiner einen Hymnus sang, flammte als brennender Dornbusch ihm auf, der nun als neuer Moses die kulturübergreifende Botschaft entgegennahm, also die One World bereits im neunzehnten Jahrhundert antizipierte, in ausgerechnet homerischen Duktus: „Nicht lieb ich / Steinerne Häuser, o Mensch! Auf blühenden Fluren und unter / Grünenden Birken im Hain, und im Hochwaldschatten der Buchen / Ehr inskünftig er mich. – Du, künd es den Sterblichen!"

In Versen wie „Zerbröckle, wenn ich tot bin, sel'ges Licht! / Zu Werktagsschlacken mir mein Wesen nicht!" reinkarnierte sich durchaus Angelus Silesius im Blumendichter aus Warmbronn. ‚O Mensch' kanalisierte sich bei ihm auch mal zu: „O du Abendländer mit deinem verzweifelten Rennen und Jagen und Treiben!" Mit Vokabeln wie Halmgesinde und Wunderbronnen schwang er sich auf, ein Wurzelsepp als Musensohn, sentimentalisch zu fühlen. Wagner wollte seiner „beengenden Welt" entfliehn, die ihm aber in vielen Versen durchaus restlos genügte. Immer undörflicher verstieg er sich in Gott, Weltgeist, Gottgeist, Allmacht. Göttinnen und Götter tanzten in bunter Reihe, ohne daß ihr Dichter die disparaten Entitäten logisch aufeinander abstimmte, die Diskrepanz zwischen dem lieben Kirchengott und klassizistischen Ausweichvokabeln à la „Gottheit". In drei Vorworten nannte er sich einen „armen, ungelehrten Landmann", aber in den üblichen Lokal-Radius dessen, was man so aufschnappt, sickerten von oben her ganz andere Terminologien ein, Wörter aus der Fremde à la Grandezza, Cassiopeia und Chrysalide. Die mildernden Umstände schlichten Gemüts, die es als Freibrief vor sich hertrug, dann als Gütesiegel, gingen ins verpönte Unschlichte über, garniert mit pfundweise Bildungsballast, bis hinan zu Erysichthon, Hypocaustum, Quantität; gar Cotoneaster und Pulsatilla. Zeitlos ausgelutschte ‚Blüte' und ‚Rose' reimte der Dichter problemlos auf hochgebildete

‚Mythe' und ‚Apotheose', Amazonen auf Großmatronen. Die Tulpe nannte er Kalifenbraut. Im Zeitalter der Janitscharen, Mohren, Osmanen und Sarazenen kam gar das Wort ‚Islam' bei ihm vor. Traute Halme reimte er auf welsche Palmen. Indien und Schwobenländle reichten sich überregional die Hand. Daß - irgendwo aufgegabelter - Buddhismus alles Lebendige schone, das behagte ihm doch gar sehr und übersetzte er sich so: „Mache gut, was du verbrachst als Schlächter, / Mach es gut als treuer Blumenwächter!" Askese aber behagte ihm nicht; insofern wär Laozi (Laotse), auf den er zufällig nicht stieß, der bessere Buddha für ihn gewesen. Freudenheim assoziierte er keinesfalls mit Freudenhaus. Auch kleinste Dinge konnten ihn entzücken. Obwohl Verse wie „Gott, wie ich doch in dieser blauen Kühle / Der Blumenwolke ich mich wohlig fühle" unfreiwillig komisch klangen, hob der sonst so strenge Karl Kraus sie in höchste Ränge. Bewunderer und Verächter über- und unterschätzten ihn um die Wette: Kraft der einen schwoll er - wie drunten in der Schweiz Ulrich Bräker – zum frischen Wind zwischen Bildungshütern, zum unverbildeten Volkslied neben überdifferenzierter Kammermusik gewisser Gesellschaftskreise. Andere verniedlichten den Warmbronner Pansophen zur Bauernmalerei. Zeppeline des SPD-Zeitalters ließen sich nicht draußenhalten. Ochsenkarren, die eher das prä-industrielle „sitz ich beim Schwager vorn" nahelegten, nannte der Dichter ‚Fahrstuhl'. Des Impfgegners „großes Sterben im Wald, Feldflut, Heide und Talgrund" durfte noch, knapp diesseits von Flurbereinigung, Vierfelderwirtschaft und Waldsterben, in aller Unschuld an zeitlosen Herbst gemahnen. Das Hutzelmännlein mit Backenbart begnügte sich nicht nur mit dichterischem Wollen. Zusehends zum Künder wuchs er heran, zur seltenen Spielart des bescheidenen Propheten. In seinem Naturevangelium nannte er den Wald ‚heilig' und fochte gegen Waldverwüster und Tiermörder. All jenen, die geringe „naschende Ausdinger" wie Feldhühner, Waldvögel, Sperlinge, Mäuse, Maulwürfe, Maikäfer mit Gift, Feuerrohr und Schlinge fingen, gab er zu bedenken, daß sie ihrem Schöpfer nicht so gering erscheinen würden wie ihren Nachstellern. Knaben, die Disteln köpften, herrschte er an: „Kind, du mordest Leben!" Kälber ließ er bei den Müttern. Kam er von außen ins Dorf, scharten sich bis zu hundert Geflügel um ihn. Saß er im Haus, klopfte von außen auch mal ein Huhn, um von ihm für ein Viertelstündchen gestreichelt zu werden. Hatte er Brustweh, legten sich Katzen drauf, um ihn magnetisch zu wärmen. Seine drei Gänse, die er 1876 einem Gastwirt, der sie einer Gänseleber-Fabrik verkaufen wollte, abhandelte und dann dreißig Jahre lang fütterte, sprachen sich aber weniger herum als Konrad Lorenz' Gänse. Marcel Prousts Weißdornhecke wurde berühmter als Christian Wagners Weißdornhecke.

Auf einem Waldweg sah er ein bezopftes Mädele vor sich herlaufen, das Reisig trug, erstaunt über die Ähnlichkeit von hinten mit seiner Braut vor dreißig, vierzig Jahren, die längst starb, er inzwischen uralt, sie so unverändert jung wie damals und knüpfte sofort Überlegungen dran, ob ihre „weggelegten Mosaiksteinchen" sich jetzt schon wieder zu ihr zusammengesetzt haben könnten.

Mutige Leserbriefe und Aufsätze hießen: ‚Eindruck des entsetzlichen Weltkriegs auf friedliche Menschen.' Er trat für die Erhaltung einer Birkengruppe ein. Der Gemeinderat lehnte ab. Mit Versen wie „O sündig Los, daß hinter Erlen, Felben / Und Paradiesesblumen stets dieselben / Haarscharfen Sensen lauern, sie zu tilgen!" fiel er seinem eigenen Stand und Gewerbe in den Rücken, als wandelndes reizvolles Paradox. Andere Landleute warfen überschüssige Kätzchen in die Güllengrube; er machte sein Haus zur Katzenherberge. Verregnete Festtage deutete er im Bratengeruch als Rache der Gemordeten. Wie Richard Wagner focht er gegen Vivisektion und für Tierschutz, ohne daß Chr. Wagner hierzu von Schopenhauer angestubst werden mußte. Alten Haustieren bot er Gnadenbrot; gefiederten Sängern bot er offenen Tisch, und legte auch im Testament Wert darauf, daß nach seinem Tod bei Schneefall die Vögel weitergefüttert würden. Seine Todesursache: Altersschwäche.

Wimmelnden Leben am Wegsrand stand er netter, franziskanischer und dschainistischer gegenüber als Franziskus von Asssisi, Yudhishthira, Dhammarui, Ashoka, Jesaja, Eustachius, Issa und andere tiernärrische Vorgänger, in deren Reihe er landete. Leo GrafTolstoi und andere Bauerndichter, die stets zunächst als Pfarrer, Landärzte, Groß- und Kleinstädter wirkten, spürten heitere Gefühle bei der Ankunft auf dem Lande erwachen und machten dann rustikal auf Bauer; der aus Warmbronn fuhr Dung, fütterte Hühner, rackerte sich ab, brauchte nicht weltstädtisch zu naturtümeln. Die ihn als dichtenden Bauern sahen, staunten sein Dichten und Trachten an wie die Intelligenzleistungen von Schimpansen und schachspielenden Robotern. Die ihn als ländlich lebenden Dichter sahen, einigten sich, daß der Autodidakt tausend dilettantische Verse und zwölf erstrangige Gedichte geschrieben habe. Vereinnahmt wurde er dann von Schulterklopfern, Naturlyrikern, Vegetariern und Ethikern, die ihn gern mit Albert Schweitzers Ehrfurcht vor dem Leben traktierten. Etliche Vergleichsgestalten verharrten im Zeitalter ausgeflippter Exzentriker weiterhin als konventionelle Sonderlinge, holzten in ewig singenden Wäldern herum, fütterten Wildsäue, fingen oder schonten Lachse, kämpften gegen Sägemühlen, und konnten den jahreszeitenübergreifenden Hang zum Höheren selten unterdrücken, Heiden von Kummerow, Gottlieb Grambauer und seine Lebensuhr, der Herrn Kortüm. Dann einigte man sich, urwüchsige Originale seien leider ausgestorben. Goethe starb vier Jahre, bevor er hätte photographiert werden können; Wagner starb vier Jahre, bevor die ersten Traktoren losdröhnten. Späterer Zeitgeist und Öko-Jargon erkannte Christian Wagner retrospektiv als vorauseilenden Grünwähler und Natur- und Umweltschützer. Denn - getragen von ökologischem Bewußtsein – hatte er vor der apokalyptischen Zerstörung der Ressourcen gewarnt, zugunsten globaler Ganzheitlichkeit. Zwischen 1970 und 80 wurde sein Dörflein zubetoniert. EsoterikerInnen verpaßten aus lauter Unbildung, daß sie in Sachen Einswerdung mit Tier, Mensch, Pflanze, Stein und Stern einen Eidhelfer und Urvater haben könnten, den weisen Greisen aus Warmbronn. Der löbliche ‚Verein zur Rettung des Unkrauts', gegründet von Waldgong Rübelbauer, hätte sich auf ihn berufen können. Christian Wagners Allerweltsname wurde angewärmt, genius-loci-mäßig sonnig überstahlt vom Zauberwort Warmbronn, ein geomantischer Ort wie Maulbronn, Weinsberg, Blaubeuren, Blautopf, Cleversulzbach, Wurmlinger Kapelle, Knittlingen. Die Wagner-Gesellschaft umfaßte hundertJahre nach ihm dreihundert Mitglieder. Besucher reisten an, um die kargen grüngestrichnen Originalstuben zu sehn, geöffnet sonntags von 11-13 Uhr, und auf telefonische Vereinbarung.

Worte von Christian Wagner:

Auch die Tierwelt wartet auf ihren Erlöser, ja selbst die Pflanzenwelt und die ganze Natur. Sehnsuchtsvoll und zitternd harren sie schon seit Jahrtausenden auf ihren Erlöser.

Während der Göttliche darbt, feiert der Pöbel ein Fest.

Wann der Bramine wandelt durch die Flur / So freut sich drüber jede Kreatur, /Und alle Wesen, alte so wie jungen / Sie bringen dar ihm ihre Huldigungen.

Denn nebenan dem heilgen Sommer bleichen / Der abgesägten Pappeln schlanke Leichen.

Nicht unsere Kultur, welche meist nur ein glänzender Lack über die innere Roheit der Seele ist, kann den Aberglauben d.h. die Dämonenfurcht beseitigen, sondern allein die Kultur, die in dem Grundsatze gipfelt, nie und nirgends Qual zu schaffen; denn ohne Qual giebt es keinen Unhold.

Im Wald, im Forst, bei Eichen, Birken, Buchen, / Des Deutschen Gottheit einzig ist zu suchen.

In jedem Täublein, das du verspeist / Ist in dich gefahren ein böser Geist: / Die Rachegedanken im Taubenbraten, / Sie haben zu diesem Streich geraten.

Tritt die Schnecke nicht, geh links ab weiter, / Dass nicht kommt zu dir der Schimmelreiter.

Und die Bröcklein und Stäublein bilden im Lauf der Jahrmillionen wieder andere Welten, und das Werden und Vergehen beginnt von neuem, oder ist schon da.

Weißt du, weißt du, was wir heute wollen? / Schöpfen laß uns aus dem Uebervollen!

Und sei ferner froh, daß auch deine Krankenstube, genannt Erde, einmal gründlich desinfiziert wird. Wie viel Krankheitskeime haben im Lauf der Zeit sich nur allein hinter der alten Tapete – genannt Civilisation angehäuft?

Den entsetzlichen Eindrücken dieses ungeheuerlichen Weltkriegs, den schrecklichen Mordwaffen der Granaten, Mörser – und wie sie alle heißen -, den satanischen Maschinengewehren gegenüber fordert der Rechtssinn des idealen Menschen eine überlegene, triumphierende Macht, um den blödsinnigen Wutausbrüchen unseres modernen Dämons Nitroglyzerin einen wirksamen Wall entgegenstellen zu können.

Wohl lehrt uns die Wissenschaft sowie der Augenschein eine Wiederverkörperung der Atome; allein wir werden anders, bekommen nicht mehr den früheren Leib, haben keine Erinnerung mehr an einstige Zustände, und somit – da unsere Individualität geschwunden -, sind wir nimmer die Alten.

Den Bütteln solch unwissender roher Protzen, die den Wald durchstrolchen, um ein harmloses Reh oder auch eine Drossel, die, zur Schmach unserer Gesittung sei es hier gesagt, gleich Lerche und Wachtel in die Liste der jagdbaren Vögel aufgenommen sind, niederzuknallen. Denn sobald solche Herren sie schießen, sind's keine Singvögel mehr, dann sind's jagdbare Vögel, und kein Landjäger noch Forstschutzwächter will was davon.

Christian Wagner über sich selbst:

Ich habe stets tiefstes Mitleid mit der armen, zertretenen Tierwelt gehabt und hielt es für meine heilige Pflicht, mein Talent dem Evangelium der Tierschonung dienstbar zu machen.

Ich beklage, daß es in Deutschland keiner Wälder mehr gibt, wie im Mittelalter, zur Zeit der Eremiten, in die hinein ich mich verkriechen könnte, um dort nur noch mit frommen Tieren zu leben.

Geistig vereinsamt, / Sucht ich in Liedern mir Trost und Erhebung.

Freudig besang ich / Halmflut, Wiese und Wald und den Berghang.

Wann Gans und Hühner mir entgegenkommen, / Zähl' ich mich schon zu den wahrhaftig Frommen; / Wann Rind und Kuh mit fromm die Hand belecken, / Will mein Bewusstsein sich noch höher strecken; / Wann Katz und Hund das Köpfchen an mir reiben, / Das macht mich stolzer als ein Kaiserschreiben.

Weit entfernt daß ich um Geld schreibe, oder große Reichthümer begehre, bin ich doch von der Mißachtung durch meinen Schöpfer oft tief betrübt.

Wär ein Größerer ich, ein Höherbegnadigter, stimmt ich /Jetzo die Harfe mir rein zum Preise der göttlichen, schönen / Frauengestalten, die mich umwalleten, Wonne der Augen.

Doch verleitete er mich, eine Schmetterlingssammlung anzulegen und erweckte in mir die Sucht des Sammlers, die mich nahezu zehn Jahre beherrschte. Was ich dazumal als Tierquälerei im Unverstand sündigte, werde ich wohl niemals ganz gesühnt haben.

Ja nach Indien! Das war der stille Wunsch meiner Seele jahrelang auch gewesen? Doch wurde auch mir ein still bescheiden Teil: Italien.

Aber es erging mir wie einem Landkind, das zum erstenmal in eine Großstadt kommt und schon in der ersten Straße an Schaufenster um Schaufenster stehenbleibt, all diese Wunderdinge anstaunend, den eigentlichen Zweck der Reise vergißt und dann plötzlich bemerkt, daß es schon Abend und zum Heimgehen höchste Zeit ist.

O könnte, o dürfte auch ich meines matten Seins abgegriffene und verblaßte Münze umtauschen wieder und bald – und ich darf es einmal – umtauschen wieder gegen eine andere von neuem und blankem Gepräge!

Andere über Christian Wagner:

Seine Lerche – er hat nur eine nicht zwei – ist auch munter, darf aber zwei Katzen wegen nie aus dem Käfich. (Margarethe an Eduard Mörike, 1.7.1865)

Nachdem ich mich dann durch zwei oder drei Bogen dieser Sonntagsbetrachtungen, Visionen und Blumenevangelien durchgearbeitet hatte, mußte ich mir sagen, entweder ist dieser Prophet, Seher und Apostel ein Halbverrückter, oder mir selbst ist die Fähigkeit abhanden gekommen, vollkommensten Unsinn von ächter Poesie, verrannnte Doktrin von philosophischem Tiefsinn zu unterscheiden. (Gutachten der Weimarer Schillerstiftung, 1892)

– die Augen blicken gescheidt in die Welt; einen – ich weiß nicht, soll ich sagen: schalkhaften oder pfiffigen Zug – wird man erst nach längerer oder schärferer Beobachtung gewahr. (Allgemeine Zeitung, 1893) – er hat mit Wald und Feld, mit Gras und Blumen, mit Tieren und Gestein gelebt als mit Brüdern, während er unter den Menschen ein wenig verstandener Fremdling und Sonderling war. (Hermann Hesse, 1915)

Die Katzen steigen an ihm auf und ab wie die Engel an der Jakobsleiter; von Zeit zu Zeit zwitschert er geheimnisvoll vor sich hin und spielt mit bunten halbmetaphysischen Seidenflocken. (Dr. Owlglaß an Kurt Tucholsky, 1916)

Er erkannte den tiefen Riß, der durch die Menschheit geht, er erkannte den Schmerz dieser Amphibien, die keine Tiere mehr und noch keine Götter sind – und er liebte es doch, immer wiederzukehren. (Kurt Tucholsky, 1919)

Ein schwäbischer Bramine, mit tiefsichtigen, hellblauen Augen und mit Bartschlohen ums Gesicht, ein Katechet und Philantroph, ein Dilettant von Gottes Gnaden, der ein paar unvergleichliche Gedichte schrieb – und bei alldem ein kleiner Bauer, der Jahr für Jahr seine Ackerzeilen umbrach und nur in gestohlenen Stunden und winters ans Papier kam. (Werner Dürrson, 1968)

Der denkwürdige Gesandte des Geistes sehnte sich hinaus aus seiner morschen Leibeshütte. (Jürgen Schweier, 1980)

Die Lebensbeschreibungen – wieviele Male muß er da mit seinen Gänsen durch Warmbronn ziehen, die Katze auf den Schoß nehmen, sich über Blumen im Gärtchen beugen, sich für ein Gruppenfoto zwischen Wallfahrer oder die Familie setzen – stützen sich zwar dann und wann auf Zitate, doch sie verkümmern in solchen Zusammenhängen zu bizarrem Zierat. (Peter Härtling, 1983)

Wo kam er her, der fromme Pantheist, der Naturpriester, der berauschte Autodidakt, das inspirierte schwäbische Bäuerle, das in Prosa wie in Gedichten nicht nur Blumen hingerissen besang, sondern die Natur in einem Maße in ihr Recht einsetzte – ihre Zerstörbarkeit ahnend -, daß man ihn sogar einen ersten Grünen unter den Dichtern nennen könnte? (Jörg Drews, Süddeutsche Zeitung, 27.7.96)

Wagner radikalisiert die Identitätsprobleme eines Reinkarnationsansatzes zu einer pantheistischen Entschränkung, die von seinen Zeitgenossen vielleicht unterschätzt, sicher aber nicht beerbt wurde. (Helmut Zander, 1999)

Auch wenn der Status des Unterpriviligierten inzwischen ebenso belanglos geworden ist wie die ‚gönnerhafte Herablassung', die ihm zu Lebzeiten zuteil wurde, hängt ihm doch immer noch und immer wieder an, ein wunderlicher Heiliger und sonderbarer Schwärmer gewesen zu sein, was leicht zu der Annahme verleitet, man muß diesen Eigenbrötler nicht ganz ernst nehmen. (Wulf Kirsten, 2003)

Hier, bei diesem Dichter, ist nicht Kunst am Werk in erster Linie, sondern Erleuchtung - das unterscheidet ihn nicht nur von der Masse der Auchdichter, das unterscheidet ihn noch von den Größten unter seinen Kollegen, von Mörike, von Goethe und selbst von Hölderlin. (Hermann Müller, ca. 2008)

Naturprophet Ernst Wilhelm Diefenbach in seiner Reformkleidung, mit seinen Kindern Kurt-Helios und Stella, 1885 in München

Satyr im Christusgewand – wider Tabakstinker, Leichenfresser und entmenschtes Gesindel

Karl Wilhelm Diefenbach, Lebensreformator, Weltverbesserer, Kunstmaler (1851–1913)

Geboren in Hadamar in Hessen-Nassau, schon als Kind mit Grübelhang begabt – in vorauseilendem Freiheitsdrang warf Karl Wilhelm 1865 in schwüler Dachkammer seine Kleider aufatmend ab. Den Nachfolgeposten eines Schulmeisters, den sein Vater ihm vermittelte, schlug er in den Wind, um alsdann noch viel unfreier sich zu quälen, als Gehilfe im Eisenbahnbüro in Limburg, dann als Lichtbildner in München, als Photogrammflicker. 1870 posierte er blasiert, mit Kunstlocke und Meerschaumpfeife, als „Charles Diefenbach", der Kaiser Wilhelm malte, als Kinderbuchillustrator in den Spuren seines Vaters.

Dann aber, kaum daß er 1872 Malerei in München studierte, stipendiumgestützt, bei Prof. Alexander Stähuber, lag er sechs Monate im Typhus-Fieberdelirium darnieder, zuzüglich Thrombose, nah am Tod. Weihwasserbesprengung wies er schreiend zurück. Er erholte sich, behielt aber, dank Kunstfehler, einen geschwächten Arms zurück, vor allem beim Pinselhalten, ein lebenslanges Handicap.Sein knappes Überleben führte er auf seine naturgemäße Lebensweise zurück, die ergesundet beibehielt.

Seine Jugendgeliebte Maximiliane Schlotthauer, genannt Maja, weil sie ihm einen unehelichen Sohn verschwiegen hatte, verstieß er und schwängerte – noch bettlägerig - seine aufopfernde Pflegerin Magdalena Atzinger. Die staatlich-kirchliche Institution Ehe sah er eigentlich sehr kritisch, zugunsten von Nächstenliebe und freier Liebe. Am Hochzeitstag, nach schlaflos schweißgebadeter Nacht, entfleuchte der Bräutigam in die oberbayrische Ebene, allein auf die alpine Aussichtskanzel des Hohenpeißenbergs, allwo beim Sonnenaufgang über Wolken, im Angesicht erhabener Horizonte, den Wanderer überm Nebelmeer ein naturmystisches Erlebnis heimsuchte oder beglückte, ein Aha-, Klarheits-, Befreiungs-, oder gar Offenbarungserlebnis, rauschhafte Erkenntnis, „gottbefreit" zu sein, was Diefenbach hinfort als den bis dahin höchsten Augenblick seines Lebens ansah, frei nach Zarathustra zwischen Gipfelriesen, oder Faust II, der - unfähig, ungeblendet in die Hochgebirgssonne der Wahrheit zu schauen - im Feuermeer auf farbigen

Ein typischer Vertreter der Münchener Gastronomie bekommt eine schmackhafte Rübe überreicht, vom Kohlrabiapostel Diefenbach. Es handelt sich um einen satirischensatirischen Serviettenaufdruck in einemWeiswürstel-Gasthaus in der bayrischen Landeshauptstadt, 1885

Abglanz schaute; Diefenbach sah unversöhnt auf den Regenbogen seiner glorreichen Mission auf Erden, der sich auf dem dunklen Grund seiner irdischen, genauer: ehelichen Verstrickung abzeichnete, voraussehbarer Pflichtenlawine mit engstirnig frömmelnder, eigentlich ungeliebter Ehehälfte, eine neue Variation aufFaust und Gretchen bzw. Zarathustra: „Ja, ich wollte, daß die Erde in Krämpfen bebte, wenn sich ein Heiliger und eine Gans miteinander paaren." Vom bajuvarischen Sinai stieg er hinab in Münchener Niederungen, wo die verblendete „Aftercultur und Uncultur" um Schweinshaxe und Bierkessel tanzte und Diefenbach als Wahrheitsfanatiker und Verkünder, jetzt auch Mitglied des Freidenker-Bundes, in Reformideen schwelgte.

Er entwarf Wohnhäuser mit Licht-Luft-Hallen. In kühnen Sonntagsvorträgen wetterte er gegen die „Quellen des menschlichen Elends", also contra Unnatur, Nationalismus, Fürstenhabgier, Medizinertreiben, gegen starre Dogmen und Moralismus von Pfaffenlehre und Priesterwahn, gegen „christlichen Pöbel"; gegen Schulpflicht und „geistverstumpfenden Massenunterricht"! Gegen normale Kleidersitten, sprich: „äffische Modekleidung", gegen die Sitte, Hüte zu tragen und Sie zu sagen. Vor allem fochte er gegen Todesstrafe, gegen Krieg, den er „Massenmord" und „eine Schande zivilisierter Gesellschaften" nannte und, wie Leo Graf Tolstoi, gegen Tierschlachtung. Sogar Cholera führte er auf Aasverzehr zurück. Wer „mit Salz und Pfeffer einbalsamirten Thierleichnam" und „Thierfetzen" verzehre, betreibe „schändlichen Bestialismus". Metzger nannte er „bezahlte Mörder, gedungen von der ihr Gewissen bemäntelnden fleischessenden Gesellschaft".

Vom Tierbändiger Karl Hagenbeck versuchte er ein Löwenpaar zu erlangen, um darzutun, daß Raubtieren „die Bestialität des Fleischgenusses" leichter abzugewöhnen sei als den Menschen.

Diefenbachs Sonntagspredigten versprachen die „Rückgewinnung des verlorenen Paradieses" durch „Zurück zur Natur", Menschlichkeit, Gleichheit, Brüderlichkeit, Gewaltfreiheit. Er empfahl, statt wimmelndes Großstadtleben, grünes Landleben; statt kirchliche Sündenlehre – göttliche Naturgesetze, Wahres, Gutes, Rechtes, Göttlichkeit von Mensch und Natur! Seine Auftritte wurden bald polizeilich unterbunden. Wegen „aufsehenden Aufzugs am Marienplatz" wollte man ihm ein Strafmandat über 10 Mark aufbrummen. Er aber wurde, indem er sich auf Ordensgeistliche berief, die ebenfallsunbestraft in Kutte und Sandalen herumgingen, freigesprochen.

Karl Wilhelm Diefenbach mit seinem Sohn Kurt Helios, 1888

Pausenloser Verspottung als „Kohlrabi-Apostel" müde, zog er sich aus Wahnmoching (Schwabing) 1892 nach Höllriegelskreuth im Isartal zurück. Der nunmehr imposant prophetenbärtige Naturprophet, Eremit und junge Vater mietete im aufgelassenen Steinbruch ein Verwaltungs- und Arbeiterhaus, tief im Auewald. Er ernährte sich alldort von Schrothbrot, Quellwasser, Leguminösen (Hülsenfrüchten), Rollgerste, Erdnußöl, nagte zeitweise am Hungertuch, in bärbeißiger Vereinsamung. Seine Schüler ließen sich von Außenstehenden jederzeit erkennen an wallenden Haaren, naturfarbener Reformkleidung, anknüpfend an Ideen des Hauthygienikers Prof. Gustav Jaeger. Bauern riefen bei ihrem Anblick entsetzt aus: „Jesses, a Diefenbacher!" Sein erster Schüler Otto Driessen, ein edler Jüngling, vom Meister Diefenbach umgetauft in „Lucidus", wurde bald zurückerobert von dessen Eltern. Ein weiterer Lichtblick zeichente sich ab: Hugo Höppener, vom Meister umgetauft in „Fidus", trat der künstlerischen Waldkommune bei.

Meister Diefenbach träumte, sein Projekt„Humanitas, Werkstätte für

Religion, Kunst & Wissenschaft“ zu einem Riesenrundbau umzugestalten, einen Kunstpalast mit Loggien und Säulengängen, einem Zukunftstheater, worin er seine kompromißlose, in sich stimmige Weltverbesserungslehre dramatisch umzusetzen gedachte. Von Gendarmen, die sich hausfriedensbrüchig aufs abgelegene Waldgrundstück des Einödshofs schlichen, wurde Diefenbach unnötig denunziert, mit Adept Fidus im Adamskostüm, sonnengebadet zu haben, „paradiesisch unbehost und unbetuniket“ (so nannte es Otto Julius Bierbaum). Die Naturisten kamen vors Schöffengericht Wolfrathshausen und wurden, wegen öffentlichen Unfugs, verurteilt zu Haft und 50 Mark, zuzüglich nochmal 20 Mark, weil Fidus unehrbietig d.h. barfuß vorm Richter erschien (Vorwegnahme von Fritz Teufels konträrfarbigen Socken 1968 vor Gericht). Welch Doppel-Novum: Die erste deutsche Landkommune veranlaßte den ersten Nudistenprozeß der Geschichte!

Weitere Höllriegel-Skandälchen: 1.) Die Tochter des Konkurrenz-Reformers Johannes Guttzeit – Gemeinschaftmitglied Elisabeth -, vom Meister umgetauft in „Fidelis“ (Die Treue), wurde geschwängert, zur Fehlgeburt veranlaßt, seilte sich ab, lastete spätere Fehlgeburten mit anderen Vätern Diefenbach an.

2.) Die Zöglinge, die der (Summerhill antizipierende) Reformpädagoge Diefenbach in sein gegründetes Heim für Waisen und uneheliche Kinder aufnahm - konsequenter und naturversessener als der wohlrasiert seine Kinder ins Waisenhaus abschiebende Rousseau -, um (wie Tolstoi) die noch unverdorbenen Kleinen zu dem von ihm erstrebten Ideal des jesusgleichen Edelmenschen heranzubilden („Weh dem, der Kindern ein Ärgernis gibt!“), mußte er den Eltern zurückbringen, mangels behördlicher Genehmigung.

3.) Seiner verwegenen Gesamterscheinung wegen, provokativer Wollkutte und Haartracht, erhielt der Kunstmaler Pinakothekverbot, kurz bevor eine große Ausstellung seiner Gemälde in München, organisiert von Fidus, durchaus erfolgreich verlief: „Eintritts-Geld nach Belieben“.

Als Maler wich Diefenbach vom bukolischen Grundthemenschatz der Schack-Galerie charakteristisch ab: Neben den sinnenfroh, finessenreich, humorvoll, brillant irisierenden, lustsuchenden Fischweibern Arnold Böcklins sah Diefenbachs Malerei etwas hölzern aus, flächig, steril, farblos, und vice versa: Neben Diefenbachs einsamer, ernster, asketischer, jenseitiger, spirituell gebrochener, leidzerfurcht heroischer Malerei, worin körperlose Gestalten, Bergfeen, Irrlichtzauber, Reigen seliger Geister zwischen Unschuld und Erlösung schwebten und geigten, sah Böcklin arg lasiert aus, kandiert, profan, plakativ, anzüglich, virtuos.

Meister Diefenbach entwarf ein Monumental-Fries „Per aspera ad astra“, 2 m hoch, 68 m lang. Er verfertigte Schattenzeichnungen, auf denen nackte scherenschnittartige Kinder auf Ranken elfenhaft balancieren („Göttliche Jugend“). Sich selber sah und malte er als Märtyrer und Christusgestalt, von aller Welt verstoßen. Den Auftrag, den sterbenden Heinrich Heine zu malen, reichte er 1890 weiter an seinen Schüler Frantisek Kupka, der damit berühmter wurde als sein Lehrer. In seiner mosaisch betitelten Illustration der Alpenjägerballade von Friedrich Schiller, mit dem er sich so geistesverwandt fühlte wie mit Percey Shelley und Richard Wagner, bei ihm des Titels „Du sollst nicht töten!“, streng jagdfeindliche, mythisch überhöhte Tendenzkunst, immerhin nur halb so steif wie Friedrich Prellers des Älteren oder Schnorr von Carolsfelds Erlkönig (Schack-Galerie, München). Wer ihn nicht als Bahnbrecher feierte, entlarvte ihn als Epigone, der Präraffaeliten, Caspar David Friedrich, Moritz von Schwind, Johann Heinrich Füssli, William Blake zuspätromantisch verflachte.

Ganz in der Sprache des neunzehnten Jahrhunderts, in wohlstrukturierten klassischen Satzperioden, durchzuckt vom Blitzlicht heiliger Zornader, schleuderte der finster getönte, prometheische Empörer und streitbare Pazifist Kraftworte und Pathetismen hervor wie Menschheit, Schmerzgeheul, Liebesopfer, Blutschweiß, Höllenqual, Satanswerk, kochendes Blut, würgendes Schicksal, „des Wahnsinns grinsendes Gespenst“, „die Sonne wahrer Menschengröße“, „Schändung von Mutter Erde“, „der Wahrheit Morgenröthe“. Der Kirchenhasser ließ Donnerworte, Mahn- und Strafpredigten los. Berufschristen titulierte er „tabakstinkende Zölibateriche“ und stieß sie vor die paffenden Dickschädel: „Gott hat reine Luft geschaffen, und Sie verpesten sie!“ Mit giftigem Stinkkraut!

Fragte ein schüchterner Zaungast den gestrengen Vegetarianer: „Darf man Milch trinken?“, rief er: „Milch ist für die Kälber! Sind Sie ein Kalb?“

Augenzwinkern gab es bei ihm nie, Humor nur als grimmigen Humor.

Im Gegensatz zu Naturmensch Gustaf Nagel, der konstitutionell-phänotypisch eher lammfromme Jesus-Attribute weitertrug, kultivierte Karl Wilhelm Diefenbach eher Jesus' aggressiv-missionarischen Aspekte: Haß auf-Krämer, Weibverstoßung, Schwertbringung.

1891 machte er sich auf dem Weltfriedenskongreß bei Bertha von Suttner,der Vizepräsidentin des Internationalen Friedensbüros, obwohl beideam selben emphatischen Strang zogen, höchst unbeliebt, in Wien, als viel zu radikaler Extremist.

Unbill und Schmähungen nahm er nicht gelassen, vernünftig, weise hin; grollend begehrte er auf, haderte wehrhaft, schnaubte, wütete. Gegen die „bestialische Behandlung von anderen" focht der Fleischverzichter bei ungesalzner Rohkost kämpferischer als manch gutmütig wurstverzehrender Normalmensch.

Diefenbachs Mitmenschen zerfielen in „Feinde meiner Prinzipien" und „verlottertes entmenschtes Gesindel". Sich selbst umschrieb er als einen „über den Herdencharakter hinausragender Mann".

Ein Generalkonsul behandelte den Menschheitspropheten als Vagabund.

Adepten und Epheben, die minimal von seinen Doktrinen abzuweichen sich erkühnten, Widerspruch andeuteten, oder Kunststudenten, die bei ihm nur malen und nicht in seine Behördenkämpfe und Ausstellungshallenbauprojekte gezogen werden wollten, betrachtete der Meister sofort als Verräter. Keiner hielt es dauerhaft bei ihm aus. Einer, der sich abwandte, bat erneut um Aufnahme, um erneut zu entfliehen. Kaum einer trat an, den er nicht alsbald verfluchte. Selbst sein Lieblingsschüler Fidus wurde zum Infidus (Ungläubigen) degradiert. Dessen späteren Wiederanknüpfungsversuche wurden mit Salven brieflicher Vorwürfe beschossen.

Oft verbrüht von Schicksalsschlägen, gingen seine organisatorischen, ehelich-familiären, pädagogischen Verwicklungen, Desaster, immer wieder garniert von tüchtigen, belehrbaren Gehilfinnen, Zureicherinnen, Handlangerinnen, ausnutzbaren Pflegerinnen, Liebesdienerinnen, in eskalierende Ehehölle über, der die Kinder Kurt-Helios, Stella und Lucidus entstiegen.

Sein Eheweib Magdalena zieh der barsche Meister „wurmhafter Unfähigkeit zum Begreifen seiner großen genialen Natur höchster Meisterschaft". Hickhack ohne Ende: Fünf Jahre zog sich der Scheidungsprozeß zwischen dem „Satyr im Christusgewande" und „christlichem Wurmweib" hin, inclusive Sorgerechtsentziehung, Kindsraub, Dorfklatsch, väterliche Zurückeroberung, Haft mütterlicherseits, garniert von Injurien und Tiraden: Diefenbach schalt die Rabenmutter jähzornig-boshaft, vernunft- und herzlos, scheuselig, hinterhältig, roh, selbstsüchtig, bigott und behauptete, sie hätte den Vater ihrer Kinder zu vergiften versucht.

Seine turbulente Höllriegelskreut-Idylle mußte er aufgeben, für den Ausbau des ersten Isarkraftwerks.

Nächste Station: ein Bauernhaus in Dorfen bei Wolfrathshausen (späterer Wohnort Edmund Stoibers). Nach der Scheidung ging der Kampf weiter.

Nach dem Tod seiner Frau wurden die Kinder dann wieder dem Vater zugesprochen. Er hob sie fortan aus dem „Morast pöbelhaftester Gemeinheit auf die Höhe meiner Weltanschauung und Lebensführung". Er selber stets Adler, die andern immer Würmer: der gute alte Gegensatz von Übermensch und Überflüssigen bei Nietzsche. Sein Beschuldigungswahn floß über in Verfolgungswahn. Bedrängt von Gerichtsvollziehern, stellte er Sündenkataloge auf. In x Verhandlungen, in denen der leidende Querulant, nein: Künstlerphilosoph von der Tragbahre aus sich selbst verteidigte, mit staunenerregender Geistesschärfe, wurde er freigesprochen. Nur mit Revolver, wie vormals Arthur Schopenhauer, ging er zu Bett.

Dann wieder Auftrieb: Seine zweite Bilderausstellung, 1892 in Wien, brachte den Durchbruch als Maler: 80000 Menschen rückten an, um neben den Gemälden vor allem deren in Apostelgewand gehüllten Schöpfer zu sehen. Verwöhnt von Gunstbeweisen ansässigen Hochadels, wurde der nunmehr hochberühmte Mann vom „‚christlichen' Gauner-Direktor des österreichischen Kunstvereins" um Gewinn und Bilder gebracht, bis er polizeilich als Obdachloser registriert wurde. Gläubiger beschwichtigte er mit Gemälden, oder ernährte sich von dem, was ihm aus Zwangsversteigerungen zufloß. Im Selbstverlag erschien ein monströses Druckwerk: „Ein Beitrag zur Geschichte der zeitgenössischen Kunstpflege", 700 Seiten, zwei Bände.

Der berühmte Turiner Genieforscher Cesare Lombroso nannte 1894 Diefenbach einen „Mattoiden", „einen sich nur hinter der Larve des Genies versteckenden, zu jeder Schöpfung unfähigen Schwachsinnigen."

1895 überquerte Diefenbach mit Familie und Anhang die Alpen, alles zu Fuß, gezogen oder geschoben vom Inseltraum sonnigen Südens, allwo er fern vom Untergang, auf den die Menschheit zusteuerte, den Gottmenschen des kommenden lichtvolleren Zeitalters heranzubilden gedachte. Am Gardasee tauschte er bei der Herzogin von Ferrari ein Christusporträt gegen eine Afrikareise, gelangte 1896 bis nach Ägypten, allwo er von mantelsaumküssenden Muselmanen ehrfürchtig als „Derwisch von Europa" begrüßt wurde.

Unweit der Sphinx von Giseh plante er, anknüpfend an seine Höllriegelkreuthers Luftschlösser, erneut ein Waisenhaus, besser: einen Waisentempel in Sphinxgestalt, erneut des Namens „Humanitas", auf 10 m-Sockel, Grundfläche der Basishalle: 150 x 250 m, inclusive Bildhauerwerkstätte, Schwimmbad, Familiengruft, Fahrstuhl, dreistöckige Ausstellungssäle, inkorporiertauf oberster Terrasse „Per aspera ad astra".

Verwandte warfen ihm „Dämonismus" vor; die ägyptische Regierung aber stellte ihm tatsächlich ein Stück lybischer Wüste als Bauland zur Verfügung. Doch familiäre Querelen und Intrigen, statt nachzulassen, zwangen ihn zur Rückkehr nach Wien.

Seine verlorenen Gemälde strebte er zurückzuerlangen, um mit großer Wanderausstellung an frühere Erfolge anzuknüpfen. Von der Presse diesmal boykottiert, verharrte Diefenbach in Armut. Immer wieder sammelten sich Schüler um den enttäuschten, verhärteten, überspannten, eingedüsterten Mann als Ordensvater und Patriarchen, gewillt, auf dornenvollem Pfad sich heranbilden zu lassen, und unterwarfen sich freudig den harten Regeln seiner neugegründeten naturreligiösen Gemeinschaft „Himmelhof", bei Sankt Veit, ein innerer Adepten-Zirkel: das malende Brüderpaar Ritter Paul und Friedrich von Spaun, das trinkfreudige Malermodell Hilaris, die Hauslehrerin Magdalena Bachmann, drumherum gruppiert ein äußerer Zirkel aus Leuten der Umgebung: bildungshungrige Arbeitslose, Lehrlinge, Parlamentsstenographen, Obdachlose, bildbare Analphabeten, die sich dort oft nur ein Dach überm Kopf versprachen, in summa: eine höchstenfalls zwanzig Seelen umfassende Künstlerkolonie, die bisweilen so gut funktionierte, daß Diefenbachs überschnelle Malgeschwindigkeit Gerüchte auslöste, er male mit Teufels Hilfe, wie Paganini auf seiner Teufelsgeige.

Doch auch hier erschien der romantisch zerrissene Diefenbach seiner Umwelt als aufbrausender Titan und Tyrann, ehrgeizzerfressen, rechthaberisch, ein Fanatiker der Humanität, Unmensch ohne Zweck und Ruh, der Unmögliches begehrte. Er warf seinen Malschülern, zarten, mehr oder minder ätherisch gestimmten Reformjüngern, „unerhörte Brutalität" vor. Er witterte überall Judas, in personell wechselnder Ansammlung schwerfällig unwürdiger Mitstreiter, die ständig nicht recht mitzogen, nie Schritt hielten, hemmende, versagende, schwache Materie, unreif und unfähig, seine glühenden Ideale angemessen zu unterstützen. Ein Gast, der bei ihm auf den Boden spuckte, wurde gewaltsam rausgeworfen. Der neunzehnjährige Kunststudent Arthur Gustav Gräser, der nach heftiger Anfangsbegeisterung behutsam aufmuckte, wurde vom Meister, weil er eigenständig dachte, prompt als „dünkelhaft" apostrophiert, und weil er viel zu eigenständig malte, „schneckenhaft langsam" gescholten und ausgemendelt.

Auch Diefenbachs neue Ehefrau, Mina Vogler, konnte seinem verklärten Mutterbild nicht entsprechen. Fast noch christlicher als seine erste Frau konnte sie sich den Lebensgrundsätzen ihres angetrauten obsessiven Idealismus-Gemahls nicht genügend adaptieren. Erneut rollte Ehehölle an, zumal der Meister mal wieder mit zwei Frauen zugleich lebte, hier mit Mina und Minas Schwester. Bevölkerung verdächtigte den Maler und Sozialreformer, er sei ein Don Juan, Wüstling, wahnsinnig, homosexuell, wohl auch Blutschänder. (Dann hätte er nicht mit „Homo Diefenbach" unterschrieben.) Stella schrieb auf eine effektvoll leuchtende Porträtphotographie hintendrauf: „Welch klares-gütiges Auge! Sieht so der Wahnsinn aus??“ Um dem Gerücht, die Genossenschaft praktiziere freie Liebe, jeder mit jedem, entgegenzuwirken, erlegte Diefenbach allen Mitgliedern Askese auf, führte Tagebuchkontrolle durch. Dennoch beschlief ausgerechnet der unschönere, bucklige, trichterbrüstige, rauchende, faulenzende Nietzscheaner von Spaun, von Diefenbach als „Stinkteufel“ im Hause angeprangert, die erst zwölfjährige Stella. Hilaris denunzierte ihn; es kam zum Prozeß wegen Verführung Minderjähriger.

Romane rollten filmreif ab: Gebrüder-Spaun-Konkurrrenz, interne Spannungen, Clinchs, Kabalen, Lügenkomplotte, Freispruch, Schwängerung durch den anderen Spaun, Kreuz- und Quer-Hörnungen, Ausspannung der von Diefenbach bereits halb verstoßenen Beischläferin Magdalena Bachmann durch Friedrich von Spaun, Szenen mit und ohne Pistole, behördlicher Druck, Problemexplosion, dies alles künstlerisch gekrönt von Gemälden des Titels „Ex oriente Lux“.

Die „Ehrenvereinigung zur Rettung K.W. Diefenbachs“, 1898 formiert, konnte nur wenig retten. Alles mündete rasant in die Zwangsräumung der Himmelshof-Kolonie, dann: Entmündigung Diefenbachs, Flucht 1899, mit vielköpfigem Anhang, nach Triest, wo Diefenbach einen Großauftrag erhielt: Der Österreichische Lloyd bestellte mehrere Bilder für seine Ostasien-Dampfer. Eine anschließend anvisierte Morgenlandfahrt führte zunächst zur Bohemiens-Insel Capri und endete dort.

Ab 1900 lebte Diefenbach dann auf Capri, von 1903 bis 1907 in der Villa Camerelle, mit Jüngern, wo er via Portalgestaltung, Säulengang, Marmorstufen und Pergolaüberwölbung, seinen weiterlaufenden bombastischen Tempelträumen kleinformatig hinterherhinkte. Sie speisten sich an der Festung Baja, die seit sechzig Jahren leerstand, im Golf von Pozzuoli, der angedachteGiganthafen seines ruhelosen Lebenschiffes. Als Maler des Grottenzyklus kam er nun durchaus zu steigerbarem Wohlstand.

Der Wurm im Apfel hierzulande: Touristen aus Deutschland hielten seine Bilder für Imitationen des inzwischen viel berühmteren Fidus, denen er dann erst erklären mußte, daß der Lehrer von Fidus – er sei.

Lucidus, statt als Maler den Stil seines Vaters aufzugreifen, verschrieb sich ausgerechnet dem - väterlicherseits heftig abgelehnten - Impressionismus, noch dazu nicht sehr talentvoll.

Immer häufiger erlebte der Leidverursacher Diefenbach, der jetzt an Ohrensausen litt, Lebenstiefpunkte, einer auswegloser als der vorherige.

1909, seit acht Monaten bettlägerig, arbeitsunfähig – oft konnte er wenigstens im Liegen malen -, zerstritten sowohl mit den untereinander gleichfalls zerstrittenen, eifersüchtigen, verhärmt schweigenden Schwestern Mina und Marie Vogler, die seine Leiden als Strafe für seine Gottlosigkeit deuteten, auch uneins mit seinen Kindern.

Karl Wilhelm Diefenbach im letzten Lebensjahr, 1913 auf Capri

Helios, einst seine große Hoffnung, fand die Speisevorschriften, Alkohol- und Rauchverbote seines Vaters despotisch, versuchte ihn sogar ins Irrenhaus einliefern zu lassen, beschimpfte und bespie ihn offen, reiste fort, machte überall Schulden im Namen seines Vaters, hielt sich rauchend und trinkend eine Dienerin. Dann kam er als verlorener Sohn nach Capri zurück, wurde weder nochmal aufgenommen noch weiterhin unterstützt.

Der dauerhaft überanstrengte, unverstandene Heilsbringer, der dem Widerstand und Rückstoß alter Mächte sein Erlösungsevangelium entgegenstemmte, vereinsamte zusehends. In Dauerlamenti und Welthaß mauerte er sich ein, immer nervöser, sturer, verbitterter. Hämmorhoiden, Darmvorfall bescherten ihm qualvoll stundenlange, schmähliche Abortsitzungen. Je ärger seine durch drei Jahrzehnte schleppenden Gebrechen sich festfraßen und zuspitzten, Kopfweh, Syphilis, Bronchitis, Hodenschwellungen, zudem seit Jahren mit Impotenz geschlagen, desto ungezielter warf der radikale Brautwerber und pausenlos Gepeinigte mit Heiratsanträgen um sich – und erntete Körbe und Verweigerungen. Willige Helferinnen wie die Schwestern

Julie und Sela Tannenberg, die es ihn an sich zu ziehen gelang, ausopfernde theosophische Engel, hatten leider allem Fleischlichen abgeschworen. Die ostpreußische Gutsbesitzerin Martha Rogalla von Bieberstein, in der er endlich ein seelenverwandtes Wesen, ja den so lang ersehnten „weiblichen Diefenbach" gefunden zu haben glaubte, bezauberte zwar durch Klavierspiel und Gedichte, wußte aber den immer stürmischen Meister in den Grenzen der Freundschaft zu halten. Julie und Emilie Hexamer nannte er „Hexe I" und „Hexe II". Sie Pflegerin seiner letzten drei Monate, Maria Schede, eine resolute sächsische Lehrerin mit Humor, schalt er, als sie sich ihm nicht hingeben mochte, einen „ledernen Eiszapfen".

Der sich ungewürdigt, verkannt und verleumdet fühlte, hatte nur noch den Wunsch, den Vorwürfen, die von allen Seiten auf ihn niederprasselten, Kindern, Schülern, Frauen, Bekannten, Verwandten, Kunstkritik und der von ihm sogenannten Judenpresse, standzuhalten und sich vor Welt und Nachwelt zu rechtfertigen. Nicht nur litt er an Seelenmarter, „entsetzlich erschwertem Kunstschaffen" und Pflegemängeln – sein heranbrausendes Ende ahnte er voraus. Sein hohes Lebensideal, die Menschheitserlösung auf dem Wege der Kunst zu verwirklichen, sah er rundum gescheitert.

Alsbald lag er, so frugivor und urgesund er auch lebte, in seiner Matratzengruft darnieder, selber ein sterbender Heine, malträtiert von Galle- und Koterbrechen, Lungenentzündung bis hin zu Darmverschluß – und krepierte elend an Rektalkarzinom; wie zehn Jahre später Rudolf Steiner, was beide, gemäß ihrer vegetarischen Lehre, eigentlich überhaupt nicht hätten bekommen dürfen.

Der Leichnam wurde auf einer Barke nach Neapel überführt, eingeäschert in Rom. Die Urne verschwand im Zweiten Weltkrieg.

Der immense schriftliche Nachlaß dämmerte fünfzig Jahre in einem Keller in Neapel, inclusive Tagebücher seiner Schüler, in Kisten verschlossen, Material, das ein facettenreiches Zeitbild ergäbe; jede Schusterrechnung erhielt sich, alles unpubliziert, kaum ausgewertet, zwischenzeitlich unbeachtet schlummernd in einem ungesicherten, unzugänglichen Diefenbach-Archiv in Österreich, nun unterbracht im Archiv der Jugendbewegung auf Schloß Ludwigstein bei Witzenhausen.

Als Übervater von Gustaf Nagel und Gusto Gräser wanderte Karl Wilhelm Diefenbach in deren Viten ein, als Fußnote in Standardwerke über Fidus, als Pionier grüner Utopien in Bücher über die Wurzeln und Großväter der Grünen, und als angeblicher Paranoiker in Wilhelm Lange-Eichbaums „Genie, Irrsinn und Ruhm". Kräftige Diefenbachworte contra fleischvertilgende Gesellschaft überlebten in mehreren Vegetarismus-Büchern. Unberühmter, also auch unverpönter als Fidus, gelangte Diefenbach, ehe er in Vergessenheit versank, immerhin ins Künstlerlexikon Thieme-Becker, dank 250 erhaltener, weit verstreuter Gemälde. 1964 riß man Diefenbachs legendäres Haus in Höllriegelskreuth ab (heute eine S-Bahn-Station im Stadtgebiet München). Das Diefenbachmuseum im Kloster der Certosa di San Giacomo auf Capri zeigt seit 1971 viele seiner Gemälde, das Stadtmuseum von Hadamar seit 1988 den Aspera-Fries, 34 Einzeltafeln, sowie einige schadhafte Gemälde wie die „Affenmaskerade"; für Restaurierung fehlt Geld.

2004 starb hundertundfünfjährig der Diefenbachenkel und –Archivar Fridolin von Spaun.

In summa: Der Humanitätsapostel wurde als gemeinschädlich bekämpft und verhöhnt. Als Fossilium und Zitat eher vormoderner Zeiten, charismatisch, pathosreich theatralisch, tragikumwittert, stand er zwischen trocknen kalten Zeitgenossen wie Röntgen, Freud, Schönberg, im Zeitalter von Jazz, Comics, drahtloser Telegraphie, Technikbegeisterung, zwischen Sky Scrapern und Naturalismus. Im Jargon nach 1970 würde man ihn egomanes Unikum, Faszinosum, Unsympath, dominante Persönlichkeit, Hardliner, Workaholicer, Guru nennen. Er vollbrachte das Kunststück, zwei konträre Spezies in einer Person zu vereinigen: Künder & Künstler, was sich ansonsten oft ausschließt, außer bei Joseph Beuys und Karlheinz Stockhausen.

Worte von Karl Wilhelm Diefenbach:

Arme, verblendete Menschen! Was ausserhalb ihres beschränkten Gesichtskreises liegt, ist ihnen „Schwindel", „Verrücktheit", „Grössenwahn und Selbstüberschätzung".

Der Keim der Göttlichkeit, ja Gott selbst wohnt in jedes Menschen Brust.

Wo ein Priester hintritt, wächst kein Gras mehr. Gehorsam gegenüber den Gesetzen der Natur ist die einzig wahre Religion.

Ohne die Frau kann der Mann kein vollkommenes Leben führen. Die geschlechtliche Vereinigung ist nicht nur für die Fortpflanzung nötig, sie ist es auch für die Seelen. Dagegen ist die Ehe eine Institution der Dummheit, die uns an die Kette legt.

Als Moritz von Egidy und Bertha von Suttner mich aufforderten, mein Urteil über den Massenmord des Krieges in einem Satze zusammenzufassen zur Veröffentlichung mit den Urteilen „anderer hervorragender" Zeitgenossen gegen den Militarismus und ich meinen Urteils-Satz dahin bildete, daß der Menschenmord (auch der Brudermord Kains!) und der ungeheure Massenmenschenmord des Krieges nur die Folge der systematischen Verrohung durch den vorausgegangenen Tiermord sowie der Knechtung und Ausbeutung der Menschheit durch Fürsten und „Fürstendiener" (Marquis Posa) sei und nicht früher zu beseitigen sei, als bis der Tiermord als Verbrechen gegen die Heiligkeit allen Lebens in der Natur (soweit wir nicht zur Notwehr gegen wilde Bestien oder Ungeziefer gezwungen sind) und das ‚christliche' Fürstentum als Verbrechen gegen die Menschheit erkannt sei und die Erde nicht mehr beflecke, trennte sich Egidy (welchen ich trotz der Halbheit und Undurchführbarkeit seiner Bestrebung persönlich hochschätze) schweigend von mir, während die Baronin Suttner, den Rauch ihrer Zigarette in die Luft paffend mich naserümpfend in verletzender Weise verabschiedete und mein Urteil über den Krieg nicht mit den übrigen ‚hervorragenden' Männern und Frauen veröffentlichte. (an Ferdinand Avenarius, 5.4.1909)

Karl Wilhelm Diefenbach über sich selbst:

Ich habe vor, in der Einöde Höllriegelsgreuth mit den aus den Gebärhäusern entlassenen Müttern und deren Kindern eine patriarchalische Gemeinde zu bilden, um in diese meinen Geist zu verpflanzen, auf dass die dem sicheren Untergang zueilende Welt nach der Revolution ein Muster vorfinde, neu sich zu bilden nach diesem. Jedes meiner Bilder ist eine Predigt.

Göser ist gestern entlassen; gleich Assmuss und allen den anderen wollte auch er mich belehren und meistern, statt mir zu dienen zur Verwirklichung meiner Ideen. Zur Schlange ward mir seither noch jeder Wurm, des Elends ich mich erbarmte.

Als ich in München ‚wegen Verwahrlosung meiner Kinder' von der Staatsanwaltschaft mit dem Antrage, dass mir das Erziehungsrecht über meine Kinder entzogen werden sollte und meine Kinder - natürlich auf meine Kosten - mir entrissen und anderweitig erzogen werden sollten - vor Gericht gestellt worden war, unterbrach mich der Oberrichter in missachtendem, schnaubendem und höhnischem Tone: „Gehören die Läuse auch in Ihr System?"

Mit dem mir noch gebliebenen kleinen Rest und meinem verkrüppelten rechten Arm muß ich unter blutendem Herzen um meine mir entrissenen und entfremdeten und unglücklichen Kinder, unter Erduldung schmachvollster, auch selbst von meinem Bruder betätigter öffentlicher Ächtung und unter täglicher und stündlicher Erduldung des mein ganzes Leben als Irrtum und Unmoral erklärenden, mir ins Gesicht schlagenden katholischen Standpunktes meiner jetzigen Frau (trotz all deren häuslicher „Pflichterfüllung") inmitten eines durch Priester-Erziehung systematisch zu Gaunern oder brüllenden Bestien verrohten Volkes meine Kunstwerke schaffen zur Gewinnung des Geldes für ein darbendes Leben.

Mit Schaudern denke ich daran, wie unsere Eltern vor Weihnachten ein Schwein kaufen und in unserem Hofe morden ließen, dessen Leichenteile dann teils eingepökelt, teils zerhackt und in die Därme des gemordeten Tieres als „Wurst" gefüllt wurden; oder wie unsere Mutter die eingepferchten Gänse „stopfte" und unser Vater die an den Füßen aufgehängten armen Tiere mit dem Messer tötete und wir vor solchem „Weihnachtsbraten" beten mußten: „Herr Jesu Christ, sei unser Gast und segne, was Du uns bescheret hast".

Wie der dümmste katholische Mistbauer den absurdesten Blödsinn des ihm eingetrichterten Katechismus gegen die weltbewegenden Ideen eines Darwin, Schiller, Goethe als „unfehlbare, von Gott geoffenbarte, allein wahre und allein seligmachende Wahrheit und Religion" behauptet und verficht, „wie die Weiber, die beständig zurück nur kommen auf ihr erstes Wort, wenn man Vernunft gesprochen stundenlang!" so setzte mir „meine Frau" all den Pfaffenmist, den ich seit vierzig Jahren bis zum Grunde durchschaut, mit persönlichem Ekel zurückgewiesen und menschheitlicher Entrüstung bekämpft habe, von morgens bis abends bei jeder Berührung, im Beisein meiner Schüler in dem Tone der jedem fanatischen Katholiken eigenen pfäffischen Anmaßung und Zurechtweisung vor. – Ich brauche ein Weib, das seelenstark und herzensweich sich zu mir stelle, ein solches Weib glaube ich in Dir gefunden, opferfähig eines jugendlichen Liebesdranges nach leiblichem Genuss und Mutterfreuden, die mein gebrochnes Alter nicht mehr geben kann. Das Schicksal, das nur kurzen Liebesrausch Dir gönnte und das Dich zu mir führte, mir Dein Seelenweh zu klagen, hat Dich befähigt und gestählt, noch größres Lebensweh mit mir zu teilen. (an Julie Hexamer, 11.7.1913)

Unvergeßlich ist mir jener Tag, an dem das 24jährige hochbegabte und begeisterte, fein und stark fühlende Naturkind sein Seelensehnen mir aussprach und den Grund legte zu unserem unbeschreibbar schönen 5monatlichen Verkehr in der Villa Mercedes während der Abwesenheit ihrer Mutter in Petersburg unter der Obhut der mir vertrauenden Irrrenwärterin, die unter meinen ‚dämonischen Einfluß' das bis dahin kranke, launische, meist bettlägerige Mädchen zu ausgelassener Heiterkeit und kraftstrotzendem genialem Seelenausdruck am Klavier erblühen sah, sodaß sie mich einen ‚wahren Hexenmeister' nannte, worauf die ‚Kranke' zu sprachlosem Erstaunen ihrer Wärterin mich scherzend am Bart zupfte und ausrief: ‚Ach was, Hexenmeister, mein Hexerich ist er und ich bin seine Hexe!' Arme, geniale Hexe, auch Dich hat man von mir, dem ‚Ungeheuer', gerissen. (über Eugenie Reinke)

Heute vor einem Jahr bin ich vor der rasenden Brutalität meines Sohnes Helios gegen mich von hier weg nach Palermo geflüchtet. Heute früh verließ ich nach völlig schlafloser Nacht mein Lager in der freudigen, belebenden Hoffnung, in einer Stunde die Bestätigung der Aussicht zu erhalten, die mir gestern abend in der feierlichen Stille und Einsamkeit der Malerplatte zuteil geworden war: ein Weib gefunden zu haben, das zusammen mit seiner Schwester mein schreiendes Bedürfnis nach sympathischer weiblicher Umgebung zu befriedigen vermöchte.

Andere über Karl Wilhelm Diefenbach:

Sie werden Ihre Kinder nie mehr wiedersehen, einem solchen Menschen gehören keine Kinder! (Polizeipräsident von München, 1888)

Schon an die 40 Schüler und Schülerinnen sassen zu des Lehrers Füssen und suchten Erleuchtung bei dem Meister, aber Keiner hielt es lange aus. (Berliner Tageblatt Nr. 309, 22.6.1891)

Wetterhart mag man wohl die Gesichtszüge nennen, ernst, ohne finster zu sein, vom Schicksal gerunzelt und doch in ihrer Art anziehend, Theilnahme erweckend. (Kölnische Zeitung, 1891)

Auch die schönen Tage von Wolfratshausen gingen vorüber, die schönen Tage, da der Meister mit flatterndem Gewande auf einem Dreirad die Gestade des Würmsees umkreiste oder als blinder Passagier auf dem Verdecke erster Klasse des Barockdampfers „Luitpold" sich an dem Erstaunen der Touristen weidete. Denn es hat sich bei ihm zu einem Bedürfnis herausentwickelt, angestaunt zu werden. Ich glaube, nicht zum Geringsten deswegen ist er wieder nach München gekommen. Wo viele Menschen beisammen sind, erscheint auch er mit seinem Gefolge. Er liebt es dabei, noch besonderes Aufsehen zu erregen. So, wenn er, der Prophet, ich bitte, Caroussel fährt oder im Hippodrom reitet. (Otto Julius Bierbaum, 1892)

Man brauchte noch nicht viel mit Diefenbach gesprochen zu haben, um zu merken, daß er sich nicht nur in Haar und Kleidung christusartig trug, sondern sich auch wirklich für einen verkannten Messias hielt, und als ich nun, meiner stets geübten Gewohnheit getreu, anfing, mit ihm über die lapidaren Sätze zu debattieren, die er mir als Brocken des Heils zuwarf, erlebte ich eine titanische Katastrophe: der edle Erlöser wurde so hanebüchen grob, daß ich die Nutzlosigkeit jedes auf Gegenseitigkeit beruhenden geistigen Umganges mit einem „Messias" gründlich kennenlernte und mich nur noch an den liebenswürdigen Jünger hielt. (Fritz Schumacher, 1935)

Man sah auch in Zürich die Schüler des Naturmenschen und Anachoreten Dieffenbach. Ihre Haare wallten bis auf die Schultern. Wo man diese halbnackten Menschen sah und beobachtete, mußte man finden, daß ihnen etwas Fremdes, etwas Unberührbares anhaftete. (Gerhart Hauptmann, 1937)

Die Isar-Flößer, die von Lenggries und Tölz kommend, am Steinbruch vorbeifuhren, begrüßten den Apostel stets mit fröhlichem Jodeln und Juhschrei. Einmal wollte er mit ihnen nach München fahren; sie nahmen ihn aber nur unter der Bedingung mit, daß er mit ihnen Weißwürste zum Frühstück verzehre. Er tat es und sagte entschuldigend: „Was will ich anderes tun, wenn mich sonst die bösen Menschen nicht mitfahren lassen?" (Eduard Stemplinger, 1937)

Im Sinne Rousseaus träumt er daher von edlen Wilden in zärtlicher Anarchie, die auf jeden Zwang, jede Ordnung, jede Organisation verzichten. In einem solchen Lande wird es nach seiner Meinung weder Zäune noch Eheringe geben, um nur ja keine Besitzgefühle aufkommen zu lassen. Ob jung, ob alt, ob Männlein oder Weiblein: alle schließen sich zu einer großen Liebeskommune zusammen, die in ihrem Verzicht auf Fleisch zugleich ihren Verzicht auf Besitz und Aggression verkündet. (Jost Hermand, 1972)

Für viele war er ein gefährlicher Ketzer, ein Verrückter, ein Scharlatan, Volksverhetzer, Verführer der Jugend, unverschämter Faulenzer, Meister des Nichtstuns und des Lebens im Augenblick, psychisch etwas außerhalb der Normalität, ein Exzentriker, Halluzinierender, ein etwas seltsames Individuum, ein Messiastyp, zumindest ein Psychopath von übersteigerter, krankhafter Egozentrik. Lediglich für die tieferblickenden - und ungern gesehenen - Sachkundigen war Karl Wilhelm Diefenbach ein Künstler und Reformer, der die asketische Einsamkeit eines verlassenen Steinbruchs höher schätzte als den Glanz der Münchner Jugend-Szene. (Michele Bonuomo, 1989)

Aber es scheint Nietzsches Schicksal zu sein, daß seine Gedanken heruntertransformiert zu Karikaturen ihrer selbst werden: der Naturapostel Karl Diefenbach als Nietzsche in der Gartenkolonie oder (heute noch) der Transzendentalbelletrist Odo Marquard als Nietzsche im Reihenhaus. (Ferdinand Fellmann, 2001)

1893 schuf Karl Wilhelm Diefenbach, unter Mitwirkung seines Schülers Fidus, den 68 m langen Schattenfries „Per Aspera ad astra" (Quer durch Mühlsal zu den Sternen), ausgestellt heute in Hadamar (Hessen), 2015 zu sehen in der Ausstellung „Künstler und Propheten. Eine Geheime Geschichte der Moderne, 1872 bis 1972", zu sehen in Frankfurt und Prag. Der blühende Reigen des Lebens aus Knaben, Fahnenträgern, Kamelen, Marabus, Äffchen sieht naturgemäß im Rahmen einer sterilen Museums-Atmosphäre unvermeidlich etwas deplaziert aus.

„Hab Jesus tief im Herzen", Gustaf Nagel

Der trompetende Prophet vom Arendsee, als Jesus von Dachau

Gustaf Nagel, Naturmensch, Tempelwächter, Rohköstler, Querkopf, Querulant, Geisteskämpfer, Botschaftsempfänger, Schankwirt, Irrenhäusler (1874–1952)

Der zarte Karl Gustav Adolf fing beruflich an als Kaufmannslehrling, als Handlungsgehilfe in der Materialwaren-, Manufaktur-, Konfektions- und Kolonialwarenhandlung von Arendsee/Altmark. Täglich hautnaher Umgang mit ausströmenden Schadstoffen von Salzheringen, Kernseife, Wagenschmiere, Würze, Leder, Petroleum lösten bei ihm einen Nasen-Rachenkatarrh aus, Bruststiche, Verdauungskrämpfe, Rheuma, wenn nicht gar Verwirrtheitszutsände und Visionen. 1894, nur 40 kg schwer, ausgemustert, auch wegen Hautausschlag infolge preußischer Militärwollsocken, brach der Hänfterling die Ausbildung ab. Er wandte sich Wasserpastor Sebastian Kneipps Wasserkuren zu, die in der Tat sehr halfen.

Bald selber sehr kundig, vermochte er andere Allergiker erfolgreich zu heilen. Er rettete gar ein krankes Kind. Er bot Hilfe bei Kopfweh, Stuhlverstopfung, Trunk- und Fallsucht, Veitstanz, Stottern, Bettnässen, Onanismus, als „praktischer fertreter der naturheilkunde", seit 1896 in „neuer ortografi", also als „gustaf nagel". Hutlos und wallenden Haars lief er herum, nein: ging er einher, ja: wandelte seines Weges, gleichwie wie Meister Diefenbach, der eine knappe Generation vorher via Krankheit zur Lebensreform gelangte. Feldfrüchte genoß Nagels Gustaf nur noch ungekocht, nahm zudem möglichst eiskalte Bäder. Er kam also der üblichen Welt weitgehend abhanden. Mit Nagel senior, dem Gastwirt des „Weißen Schwan" und ehrbarem Bürgersmann, prallte der Filius hart zusammen. (archetypisches Vatersohn-Soziogramm wie vormals bei Franz von Assisi u.a.): Der wollte seinem Filius zwangsweise Faconschnitt verpassen. Nagel stand also zwischen Franz von Assisi, der mit seinem Vater, einem Textilkaufmann, Zoff bekam, und den Hippies, die die Beatlesfrisur ablegten mußten, wenn sie nach Vietnam gingen.

Der Halbwaise floh in den Wald, grub sich alldort, 30 Fußminuten vom Städtchen entfernt, ein Erdloch als Behausung, mit Blumen- und Fahnenschmuck. Das ging sofort als Kuriosum und Faszinosum durchs Käseblättchen, mit Photographien und Ortsangabe. Sympathisanten und Spaßvögel rückten an, brachten dem Neuzeit-Troglodyten gesundes Futter, bauten ihm Moosbänke. Karl Nagel, zornvoll, enterbte den alsbald stadtbekannten Rohköstler. Er wollte ihn auch entmündigen, genau wie dessen hysterische Schwester Maria Luise, untergebracht in der berüchtigten Nervenheilanstalt Uchtspringe, die Einzige, die den Gustav nicht für verrückt hielt! Die Entmündigung gelang zunächst nicht: Der Abweichler, inzwischen nicht nur Barfüßer, sondern auch krist (Christ), wurde für nicht-verrückt befunden, also doch wohl gesund.

Bald ergingen Anzeigen gegen den Waldläufer, groben Unfugs wegen. Aktenstücke begannen so: „Naturmensch Nagel betreffend", eigentlich seit Naturmensch Papageno eine ehrenvolle Betitelung. Schneebäder und Wandern durch Gewitterregen: des Nagels Hochgenuß. Wenn einer rief: „Aber Sie erfrieren ja!", erwiderte der Naturmensch lächelnd: „ach nein, das gibt hitze." Er rühmte sich seiner Abhärtung. Er lief noch bei 22 Grad Kälte zu bloß einem Viertel bedeckt, fast nackicht, derart durchwärmt, daß er sich über Eiszapfen wunderte. Jedes Luftwehen „erkwikkte" ihn als allseitige Liebkosung, die nur an den Hüften, an seiner „kleinen hose", die er nicht fallenlassen durfte, unangenehm unterbrochen ward. (Querbezug: Dschaina-Sekten stellten 600 v.Chr. das Theorem auf, nur nackt könne man erleuchtet werden, weshalb sie Buddhas Erleuchtung nicht anerkannten.) Also wandelte Nacktläufer Nagel, ohne als „krist" indisch beeinflußt zu sein, in falscher Klimazone einher, als Nagelbrett-Yoghi. Nagel vermochte sogar, wenn er im Regen stand, ein bißchen schlafen – und hatte, dank schlackenloser Nahrung, einen derart reinen und reichlichen Mundspeichel, daß er damit Ganzkörperwaschungen durchführte, und mit nachfließendem Speichelfluß hätt er sogar sechs weitere Leute abwaschen können – wohl gleichfalls schier eine Yoghi-Leistung.

Neben jesus kristus nannte er gleichsam gleichrangig „den bereich der sonnigen natur", wodurch ins herbe strenge Christentum ein wohltuendes, hedonistisches, also eher außerchristliches, epikuräisches, also doch wohl antikisches oder auch neuheidnisches bis pantheistisches Moment oder Element sich einschlich, irdisches Vergnügen in C.

So oder so, ein Wochenspiegel nannten den Sonderling „größenwahnsinnigen Höhlenmenschen" und „nicht heerespflichtig". Der Heilsbringer zog umher, verkaufte Postkarten, mit seinem Konterfei drauf, „10 fennig" das Stück, „'n jroschen". Damit verdiente er zeitweise zehnmal mehr als Normalbürgerfamilien. Den alsbald beachtlichen Zaster hinterlegte er bei seinem inzwischen verzweifelten Vater. Im Herbst 1899 wanderte der gustaf 150 km zu Fuß ins wimmelnde Vorkriegsberlin, siehe Alfred Döblins „Berlin Alexanderplatz“, allwo er auffiel wie ein Hungerkünstler, Schausteller, Tanzbär. Andrang von Schaulustigen schwoll erheblich an. Dem Zugriff eines Schutzmanns entzog sich der evangelische Jüngling durch beherzten Sprung auf eine vorüberscheppernde Trambahn. Als zufällig ein Soldat neben ihm ging, hielten die Leut ihn für eine gefangene Chineserfrau. Nagel aber folgte nur Jesum nach. Konfirmanten liefen ihrem Pfarrer fort, um diesen Neo-Jesus zu sehn. Der erntete in Kalau Kirchenverbot (wie vormals Meister Diefenbach in München Pinakothekverbot).

Als Anachoret und Urchrist platzte er anachronistisch bis prähistorisch in atheistische und bigotte Zeiten, in den nachhallenden Spätbiedermeier der Kaiserzeit, bei nüchtern nahender Weimarer Republik. Breitärschige Kirchenmänner reagierten angewidert auf das Phänomen. Für deren humorfreien Blick konnte das nur ein falscher Hase und Fuffziger sein. Pfaffen monierten ausgerechnet Verkehrsstörung und outeten sich also als Ordnungshüter. Sobald ein Auflauf vierzig Köpfe aufwies, wurde die wettergegerbte, langmähnige Ursache straffällig. Auf seinem Wanderstab saß nun ein Stern, und sein Begleithündchen hörte auf den Namen Mäuschen. Wegen mangelnden Wandergewerbescheins wurde er kurz eingelocht. Sein insgesamtes Vergehen: er entbehre des Schamgefühls, hieß es.

Dr. Jolly, Leiter einer Klinik für Nervenkranke, diagnostizierte an Herrn Nagel, der ihn „joli“ schrieb, lehrbuchgemäß „fixe Ideen“. Der Wahnpatient hatte aber nie Stimmen gehört, außer zweimal, dies auch nur im Traum, einmal seine verstorbene Mutter, und einmal im Sturm, was auch Normalen passieren kann. Den Vorwurf, daß er mit Engeln rede und Sterne ihm den rechten Weg zeigen würden (wobei ein dunkler Fleck von Dingen abriet, wie bei Sokrates die ausbleibende Stimme von dessen Daimonion), verharmloste Nagel mit der Auskunft, er schliefe halt gern im Freien und schaue dabei die Sterne an. Auch fehlte ihm gänzlich der krankheitstypische Leidensdruck, im Gegenteil: Seine gottgefällig abweichende Lebensführung hatte ihn zufrieden gemacht, und gesund.

Wie Daniel Paul Schreber, wenn auch nicht so beredt wie dieser, kämpfte Gustaf Nagel wiederholt gegen Entmündigung. Nicht nur ein dumpfer Kreisphysikus oder ein überforderter Medizinalrat beaugenscheinigten den raren Casus. Sogar die Koryphäe Dr. Magnus Hirschfeld („Sexualpathologie“, 3 Bände), der damalige Ernest Borneman, erklärte Nagel im Gutachten für bestens zurechnungsfähig und verglich Nagel sogar mit Pythagoräern von J.J. Rousseau bis Leo Graf Tolstoi. Immer wieder konstatierte man vollendete Harmlosigkeit. Etliche staunten sehr, daß einer, der unnormaler ausschaute als viele als verrückt Eingestufte, eigentlich ganz logisch denken und reden konnte. Er redete gern. Der, welchen man halbtägig aufWachstuben herumsitzen ließ, schrieb anschließend nieder, die Polizei sei „ser libevol" gewesen.

Auf seinen Wanderjahren ab 1901, durch Thüringen und Süddeutschland, nannte „gustaf nagel" seine Gastgeber, selbst unangenehme Wirte, im Tagebuch stets zutraulich „bruder felix geier" und „bruder schmeißer". Lediglich als Besoffene ihn anpöbelten, schrieb der Naturmensch was von „widerlich" und „alkoholmenschen". Gegen „wagabondirendes landstreichen" verwahrte er sich. Ab und zu schlossen sich ihm Nachahmer oder Mitstreiter an, wie Karl Kurzrock, konnten aber das Fleischessen nicht lassen oder froren zu schnell in der luftigen Wäsche.

Ferner tat Nagel kund, nie könne er ein Weib berühren, ohne sie zu heiraten. Den Ehebund hielt der keusche Joseph heilig und schrieb Ehe ohne h, also kaum wiedererkennbar „ee".

Nagel wandelte jetzt mit Esel, zwei Hunden und Lamm Hans seines Wegs fürbaß. Auf dem Weg ins Heilige Land tauchte der wunderliche Heilige in Ascona auf, auf dem just gegründeten Monte Verità, leibhaft als die optische Erfüllung dessen, was man alldort erst anstrebte, und zwarrecht inkonsequent. Unterwürfige Gäste behandelten den Sankt Gustaf wie einen Propheten, der sofort Postkarten verteilte.Den Aussteigern und Gründern Henri Oedenkoven und Ida Hofmann, bei aller Gemeinsamkeit in Sachen Haartracht, ortografi und einfachem Lebensstil, dünkte der seltsame Gast doch etwas arg extrem. Die Piloten damaliger Subkultur zuckten irritiert zusammen, als wenn sie Spießbürger wären. Sie wollten mit Urmenschen nicht verwechselt werden, komplimentierten den allzu frommen Mann hinaus, milde gesagt: Sie hielten ihn nicht auf, auf seiner Reise in den Süden.

Im November 1902 weilte Nagel dann bei Meister Diefenbach auf Capri, drei Tage lang, hörte dessen sprachmächtigen Tiraden zu, über künstlerische Großprojekte, freute sich nicht über Diefenbachs Polemik gegen die Kirche, fand die Vogelnetzpraktiken der Italiener schrecklich, und schiffte dann weiter nach Messina und Palästina (Port Said, Haifa usw.). Am Heilig Abend 1902 kam der Pilger (wahrlich kein Tourist!) feierlich in Bethlehem an.

Nirgendwo begrüßte ihn einer als neuen Messias, entgegen seiner geheimsten Wünsche. Der im Grau in Grau mitteleuropäisch technisierter Hochzivilisation sehr auffiel, als bunter Vogel, ging nun, im bunten Treiben vorderen Orients, farblich absolut unter. Dort sahen alle so aus. Er ruhte sich am Straßenrand aus, da warf einer dem vermeintlichen Bettler ein paar Piaster in den Staub. In Alexandrien, umzingelt von Dieben, Dornen, Disteln, Steingeröll und „kolera“, ward er vom deutschen Konsul gerüffelt: „Aber Herr Nagel, das geht doch nicht, daß Sie hier so herumlaufen. Sie bringen ja das Deutschtum in Kairo in Mißkredit!“

Nagel berief sich drauf, die „eselreitenden eingeborenen“ würden doch auch so gehn. So bezeichnete Nagel in seinen Reisenotizen Ägypter, als wenn's Neger gewesen wären. Nachdem der seltsame Wandersmann auch Jaffa und Konstantinopel mit seinem Besuch beehrt hatte, ging's bald zurück, heimwehgeplagt, über Budapest und Capri, wo er zeitweise mit Marianne Konhäuser, einer verstoßenen Diefenbachjüngerin, recht geldlos festsaß. Das Pärchen paßte optisch bestens plausibel zueinander. Sie hatte Leta geheißen, unterschrieb auch jetzt noch mit „Meta Letizia“, vormalige Geliebte von Richard Janasch, einem anderen Naturmenschen. Sofort wollte Nagel heiraten. Aber seine Bredoullie, entmündigt zu sein, d.h. keine Postkarten verkaufen zu dürfen, steigerte sich noch dadurch, daß Senior Nagel die Heirat ablehnte und – vereint mit dem Vormund - des Gustafs deponierten Ersparnisse nicht herausrückte. Gustafs Heimweh glühte aber derart heftig, daß er von Capri sogar, bevor Reisegeld vom Vormund eintraf, über Positano, Wien, Dresden gen Arendsee aufbrach, ohne seine Braut. Amüsierte Zeitungsberichte machten den Lokalheiligen derart landesweit bekannt, daß vergleichbare Wanderprediger, wie der fünf Jahre jüngere Gustav Gräser, überall für Gustav Nagel gehalten wurden, trotz meilenweiter Unterschiede zwischen Gustaf und Gusto.

Marianne Kornhäuser und Gustaf Nagel, zwei Naturmenschen 1904

Nach Heirat und aufgehobener Entmündigung, d.h. Gewerbescheinausstellung, verdiente der junge Gatte, der also erst mit 29 Jahren die Unschuld verlor, mit Postkartenverkauf nochmal sehr gut. Frei nach Oedenkovens Sanatorium bei Ascona eröffnete er auf einem Seegrundstück in Arend-

Diese Selfie-Postkarten kaufte man dem Naturmenschen Gustaf Nagel gerne ab.

see ein Sonnenbad, mit Bewegungsspielen, Billard, Patentkasse und Klavier, Pavillion, Zelten, Kegelbahn, Turnanstalt, Taubenhaus, zuzüglich geplante Kanarienvogelzucht. Das erzeugte nach und nach eheliche Verschwendungsvorwürfe.

Aber Nagels „got" trug „nagel" auf, am Seeufer einen Säulentempel zu bauen, mit Grotte als Unterbau, alles in Schwalbennestbauweise und Kleckerburgenarchitektur aus Holz, Draht und Spritzbeton, fern jeder Wasserwaage: Arrangements aus Kanzel und Jugendstilmäuerchen, plus Eintrittskartenhäuschen aus Muschelkalk und mörtelverkleisterten Braunkohleschlacken. Mit Leiterwagen karrte Baumeister Nagel Schrottschutt herbei. Als beim Bau allerlei Maße nicht stimmen wollten, rief „got" seinem Knecht zu: „nachmessen!" Der tat's und fand prompt Fehler. Über sieben arg phallische Säulen stiegen auf als „sümbol" (Symbol) für glaube, libe, hofnung, wisenschaft, deutschtum und vaterländische gesinung. Die Bevölkerung motzte: „Das Schwein, das baut überall Pimmel hin!" Als weibliches Gegengewicht wuchsen Lotosblumen hoch. Die phallische Baukunst, statt wie indische Tempel in den Himmel zu wachsen, lehnte sich vom Format her eher am kollektiven Gartenzwerg an. Zwanzig abgestimmte Kuhglocken wurden aufgestellt. Der seltsame Publikumsmagnet erfreute wachsende Besucherscharen mit der Präsentation seiner selbst, unterlegt mit „fortregen" (Vorträgen) über „fruchtbringende libe", Harmoniumspiel und Chorälen auf Waldhorn und Trompete. Gemütliche Christlichkeit mischte sich angenehm naturmystisch mit singenden Grasmücken, Singdrosseln, Grün- und Distelfinken: „dazu schuf got der fögel sängercor, / di gerne raupen fressen, / genis dein paradis, machs andern for, / di libe nicht vergessen."

Als Nagel sich ein Grammophon anschaffen wollte, sprach „got" zu ihm: „gib ja nicht deinen gesang auf, sondern singe immer mit dem munde!" Denn natürlich hörte Nagel gotes stime mehr als bloß zweimal.

AufPferdewägen rückten Schulklassen an. Das Geschäft florierte zeitweise. Durch bunte Scheiben konnte man auf den See gucken, pro Farbe ein Jroschen. Wenn ein ungläubiger Thomas nicht fassen konnte, wie man ohne Fleisch leben könne, zog der Grünzeugfresser eine Möhre hervor und scherzte: „dis sind meine würste!" Ausflügler und Neugierige mutmaßten: „Wenn's keiner sieht, frißt er doch Wurst!"

Dann versicherte ihm „got": „du kanst alles beurteilen!" Dann trug er ihm auf: „schreibe fünfzig warheiten!" Nagel behauptete sogar, er hätte auf „einem unserer höchsten berge mit got zwisprache über die libe" gehalten, und ein Engel habe ihm seine zwei Fahnen übergeben. Menschen erklärten diese Fahnen bloß als unnötiges theatralisches Beiwerk.

In einer „wision" ward ihm, umrahmt von frischem Tannengrün, „eine normalschöne weibliche brust dargereicht, wozu eine stimme sprach: ‚got ist alles, alles, alles' und dan wurde dicht über meinem haupte ein großer kranz mit himmelblauen schönen blumen geschwenkt".

Die neugeborene Klara Nagel wurde vom abgehärteten Vater zwecks frühzeitiger Abhärtung in eiskaltem Seewasser gebadet, andere sagten: getauft. Das Baby, blau angelaufen, starb. Der Unmündigkeitsparagraph bewahrte ihn vor rechtlichen Folgen. Gerüchte, Ursachen und Fakten blieben unentwirrbar. Jedenfalls berichteten Heimatblätter wie „Der Altmärker" von zunehmenden Zerwürfnissen zwischen Naturmensch und „Naturmenschengattin". Sie schloß ihn ein, schlug ihn mit der Ofenschaufel, aus Angst, er würde wahnsinnig. Trotz zeitweiliger Trennung wurde sie erneut schwanger. Querelen kreisten um Alimentezahlung. Bald mußten Anschaffungen versteigert werden.

Eine neu anvisierte Heirat mit der Bürgerstochter Frieda Günter ward im letzten Moment von den Brauteltern verhindert. Der Volksmund konnte das sogenannte „Kaltwasserkind" nicht vergessen. Mundartdichter kolportierten das so: „Wat Kneip mit Water all's kuriert, dat hätt auk Nagel utprobiert. / Doch eenmal ha he'n grot Malör, / he döpte in den See sein Gör, / un hätt dat bäten dull voll drewen; / dat Gör dat hauchte ut sein Lewen."

Berliner Moritaten machten sich drüber her, so hier: „Mariechen sitzt weinend im Garten, die Klara, ihr Kind, das ist tot. Gustav Nagel wollte es taufen, da fiel es ihm aus dem Boot. Er konnt es nicht mehr retten, das Wasser war zu tief. ‚Ich mach dir gleich ein neues!' der Kohlrabiapostel rief."

Dem gelang's aber sogar, in Hochkultur kurz hineinzuragen: Kurt Tucholsky erwähnte ihn dreimal in der „Weltbühne", als spärlicher running gag über ein Jahrzehnt hinweg, um dort aber auch nur mundartlich herzuhalten, für Rollenprosa eines älteren Suffkopps, à la Arthur Schnitzlers Leutnant Gustl, was den landesüblichen Widerstand gegen alles Nagelartige auf den Kopf traf: „Ick wah bei den Alljemeinen Deutschen Mietabund, da jabs hellet Bia; und denn bei den Tannenberchbund, wo Ludendorff mitmacht, da jabs Schwedenpunsch; und denn bei die Häußerpachtei, die wähln bloß in Badehosn, un da wah ooch Justaf Nahrl, der is natürlicher Naturmensch von Beruf; und denn wak bei die Wüchtschaftspachtei, die sind fier die Aufrechterhaltung der pollnschen Wüchtschaft".

Bisweilen hieß es sogar, Gerhart Hauptmann habe in seinem „Emanuel Quint" oder auch in „Der Apostel" den Gustaf Nagel zum Vorbild genommen, doch einigte sich die Wissenschaft schnell, daß eher der Naturprediger Johannes Guttzeit Modell gestanden hatte. Sodann hieß es, der weltberühmte Knut Hamsun habe einen Roman über den nicht ganz unbekannten Nagel geschrieben, nur hieß Nagel in Hamsuns Roman „Johan Nilsen Nagel“, hatte nichts mit Nagels Gustav gemeinsam; außerdem stammte der Roman aus dem Jahr 1892!

Scheidungsgrund: Ehebruch seitens des Gatten. Nach weibloser Hausgenossenschaft mit Spitz und Papagei erfolgte 1912 die Heirat mit Johanna Raith. Die paßte sich gut an und sang als Klavierlehrerin mit. Sie untermalte seine natürliche Lebensweise mit Harmonium und gebar ihm drei Kinderlein. Diefenbachs Söhne hießen hochtrabend Helios und Lucidus; gustaf nagels Söhne hingegen hießen gutdeutsch fridrich und gotfrid fürchtegot. 1918 kam dann noch adolf hinzu, also 8 Jahre, bevor der Friedensapostel sich gegen das Hakenkreuz aussprach!. Im Krieg versuchte gustaf nagel die zugeteilten Fleischmarken in Brotmarken umzutauschen. Bisweilen war die Not so groß, daß die fünfköpfige Familie sich begnügen mußte, Schilf zu nagen.

Statt Meister Diefenbachs und Gusto Gräsers dezidierten Pazifismus hochzuhalten, machte gustaf nagel zeitgemäß die Mesalliance von Religion und Militarismus mit. Patriotische Phrasen der Zeit plapperte er nach. Vom Einigen Deutschen Reich palaverte er, von Helden wie von Stahl, got für's faterland, brennendes Herz und siegende Gerechtigkeit. Juden sah er als christusfeindliche Elemente. Alles in Fraktur, so völkisch wie möglich, bis hin zur Parole, daß am Deutschen Wesen die Welt genesen solle, nicht ohne Wurfspieß und Hausfahne. Barbarossa reimte der Reimer auf Canossa. Wo er in seinen Schriften Gesangbuchlevel und Zeitgeistkrempel bot, wurde er austauschbar und egal. Immerhin schlichen sich in seine Platitüden närrische Abweichungen ein, wie, daß Sonne, Mond und Sterne genauso kreisrund seien wie das folksbewustsein. In einem Fliegerhorstlied, das Oberleutnant und Adjudant Krantz der Fliegerschule Ludwigslust sogar gerahmt im Kasinosaal aufhängte, manschte der gustaf nagel Kosmos und Militanz dubiös ineinander: „uns trug die flugmaschine hin von ort zu ort, uns hob ein engel über abgrundtifen fort, brachte uns zum höheren zil.“Seiner Körperform schämte sich der Nagel wie des Evangeliums.

1919 gab „got“ nagel den Auftrag: „du solst ein ganzes liderbuch neuer lider schaffen!“ Nagel, „gotes knecht“, bat „got“ um die Fähigkeit hierzu und fühlte „got“ ihm Liederanfänge vorsingen. Nagel nannte sich nun „liderschöpfer“ und wandelte das später in „lidermacher“ ab, als der Erste, der

Naturmensch Gustaf Nagel mit Weib und Kindern, 1918

das später dank Wolf Biermann u.ä. so populäre Wort „Liedermacher“ verwendete!

Sein Kampf gegen die Neuzeit, als deren Symptom er in ihr steckte, richtete sich gegen den Dollar, den er „irlicht“ schimpfte, und mit Schlangenblick „des deutschtum widerker“ hindere.Er focht auch gegen staubaufwirbelnd dahinrasende Automobile, weil sie vom libesgesang der fögel nichts hören und den normalen schönen „rütmus des lebens“ verliren. Statt dessen rühmte er die Freundschaft und Liebe der „ferde“ – der Fährte?, nein: der Pferde!, und behauptete mitten in der Hymne auf die ferde: „kein mensch braucht in die fabrik“.

1922 verkündete er: „wi jesus die teufel austreibt, so tötet auch die sonne di bazillen, di fon der schulmedizin so gefürchtet werden.“

Trotz aller Sympathisanten, die dem unerschöpflichen Stadtgespräch der lebenden Legende Obst brachten: Die unbürgerlichen Abweichungen von Otto Normalverbraucher, so minimal wie unüberbrückbar, erregten ständig Aufsehen, Gelächter, Unmut, Verständnis, regionale Debatten. Behörden schritten ein. Der nunmehr seßhaften Wanderprediger übte sich in querulantischer Gegenwehr. Leute zeigten ihn an, „halbnackten Auftretens“ wegen. Arg oft wurden dem gottesfürchtigen Stein des Anstoßes und Ehrenmitglieds des „Luft- & Wasserclubs“, bei dessen Eingaben und Baugesuchen, Steine in den Weg gestemmt. Wenn man ihn nicht mit offenen Rechnungen malträtierte, setzte man ihn in Wechselbäder und teuflische Kreisläufe aus neuen Entmündigungsversuchen, also Arbeitsverbot, mithin Zahlungsunfähigkeit, infolgedessen Flut neuer Mahnungen usf. Hauptklagepunkte: Nagel teile auf Anschlagtafeln krauses Reimzeug mit, detaillierte Tempelbotschaften über seine Ehe, die wegen ihrerseitiger Beischlafverweigerung in die Brüche ging. Man ergötzte sich johlend; man beschlagnahmte die Anschläge. Die Frau und Mutter, wegen Depression, Apathie, Vernachlässigung und Unzurechnungsfähigkeit entmündigt, saß inzwischen in Uchtspringe ein. Da ging er auf „fortragsreisen zur erkwikkung, heilung und jesusgewinung“. Vorwürfe: er lasse seine drei halbwüchsigen Söhne tagelang allein und verlottern (was man damals noch nicht „asoziale Verhältnisse“ nannte) und er habe einen Backofen, bevor dieser genehmigt war, zu bauen angefangen. Denn sonst wäre die Obsternte verdorben. Bürokraten, Pfarrer, Steuerprüfer, Oberärzte, Vollziehungsbeamte schossen sich auf den wehrhaften Provokateur ein, pingelig bis schikanös. Bürohengst- und Amtsschimmelsturheit von Stadtverordnetenversammlungen und Kreisausschüssen stieß zusammen mit „kristlicher“ Streitbarkeit und Gottesbeauftragung.

Der Naturmensch, als eine Mixtur aus Rechthaber Michael Kohlhaas und Dulderlamm Gottes, paddelte im Sumpf aus Verwaltungsmaßnahmen, baupolizeilichen Bedenken, Widerspruchsrechten, Dienstaufsichtsbeschwerden, Konzessionsverweigerungen.

Die beantragte Gartenumfriedung, die „got" ihm 1926 vorschrieb, ward nicht genehmigt; sie passe nicht ins Landschaftsbild. Weil Nagel als bester Steuerzahler 1928 seine Eintrittsgelder nicht ordnungsgemäß abrechnete, zugunsten seines Sparstrumpfs, halste man ihm einen offiziellen Kassenwart auf. Man verhängte Vergnügungssteuer. Der „tempelwächter von gotes gnaden" legte dar, in langen Beschwerdebriefen, daß er „wisenschaftliche fortrege" halte. Statt „Hochachtungsvoll" schrieb er stets „got befolen", und obendrüber oft: „eilt!" Ämter teilten dem renitenten Mitbürger mit, seine Briefe würden nur bearbeitet, wenn er normale Rechtschreibung verwende. Ämter forderten Schankwirt Nagel auf, vorschriftsmäßige sanitäre Anlagen für Besucher seines Anwesens zu bauen. Sie verweigerten ihm, alkoholfreie Getränke auszuschenken, aus eigenem Obstanbau. Da verfaßte der ewige Balken im Auge des Gesetzes einen seiner berüchtigten, mit Bibelzitaten reich geschmückten Eingabebriefe an die Polizeiverwaltung: „Wenn die leute bei mir kein bedürfnis zur durststillung haben sollen, sollen sie auch kein bedürfnis zum klosett haben." Bekam der gutmütige Problemfall vom Behördenapparat nicht recht, drohte er, sich an Reichspräsident Hindenburg zu wenden. Ewiges Lehrstück und Tragifarce von Kollektiv und Individuum, und deren Kleinkrieg und Hickhack.

Sein Erfolg als Lachnummer basierte auf kollektiver Schadenfreude und Sensationsgier. Auf harmlose Sektiererei folgte „krankhafte Absonderlichkeit". Kinder auf der Straße riefen ihm nach: „Gustaff Nogel hat'n Vogel!"

Stiernacken und Bierbäuche schlugen sich die Fettschenkel: „Ein Wirrkopp isser, rennt rum wie Jesus, nur mit'm umgehängten Bettuch!"

Auch die Apostel in der Bibel hätten „sinnesteuschungen" gehabt, argumentierte Nagel. Das ward ihm dann wieder ihm als Anmaßung ausgelegt. Er vergleiche sich mit Aposteln. Etwas hellere und regere Fachkreise fühlten sich bemüßigt, Nagels Leiden, an dem er nicht im mindesten litt, einschüchternd „Paranoia chronica hallucinatorica" zu benamsen. Uchtspringe ließ grüßen. Den Rücken bot er den Peinigern. Zwar sei der Nagel nicht geisteskrank, so einigten sich minderbemittelte Verantwortungs- und Entscheidungsträger, doch ergebe sich der Eindruck chronischer Verrücktheit. Zwar keine Gefahr sei er, tönten Stadtväter, aber eine Last für die Öffentlichkeit. Polizeiassistent Ott, den Nagel des Meineids zieh, und Bügermeister

Saalfeld, weil Nagel ihn „schuft" schimpfte, erstatteten Anzeige. Eid stand gegen Eid.Plötzlich aber focht „got" auf Seiten nagels, denn Ott wurde, weil nervenleidend, selber eingeliefert (statt Nagel), und Saalfeld – versetzt. Uchtspringe, 50 km entfernt, saugte und schluckte magnetisch alle Parteien gleichermaßen ein.

Unterdessen sammelte der Tempelwächter 22 Unterschriften ehrbarer Handelsleute, die ihm seine mehrfach entzogene Geschäftsfähigkeit bescheinigten. Lediglich Fleischer und Schuster versagten dem barfüßigen Wurstverweigerer ihr Signum.

Das Herz dessen, der als „hibscher Kerl" galt, als „so a rischtscher scheener Mann", sehnte sich nach einer holden Gehilfin. Denn eine solche haben wir nötig, nach gotes schöpfungsbeschluß. Verlobungsdrang brannte erneut dem Nagel als Makel wonniglich auf sämtlichen Nägeln, damit uns die krone des lebens zuteil werde. Platonische libe fand nagel vil zu unfruchtbar. Denn: „im schoße einer libenden gatin findet der man seine kraft das leben zu meistern. es ist die flicht jeder eefrau, sich dem mane hinzugeben."

Der nagel sah sich als Verkörperung von gotes Befruchtungswillen. Selbst in Predigten und Wahlaufrufen verschwieg der libevole Verkünder nicht sein Verlangen nach neuem Eheglück. Der von Ehelosigkeit Gepeitschte und Angenagte verfaßte Rosenbriefe an holde Jungfrauen passenden Alters. Ein Loblied sang er auf schwerwiegende brüste, zu denen auch immer wider gern der zum kämfen und wirken und streben ins feindliche leben hinausmüßende tatkräftige man als zu dem ruhepunkt seiner libe zurükkere. „wer die zeugungsorgane zum absterben bringen wil, gleicht dem der kristus selber kreuzigen wil". Der strenggläubige Antiasket votierte gegen die Verhüllung solch edler Organe (wie vormals Renaissancemensch Lionardo da Vinci, also „warlich" ganz anders als strenge Christen à la Savonarola): „der leib, der fruchtbarkeit geweit, / von treuer inigkeit durchglüt, / ein glid, das würdig eingereit / zur lebensfreude uns erblüt." In seinen Verlautbarungen goß er denkwürdige Philosopheme aus, wie daß di sitlichkeit in der libe nicht außerhalb, sondern inerhalb der ee lige und dort nicht im nichtgebrauch und nichtgebrauchen laßen des körpers und seinen sinnesorganen lige, sondern in der fruchtbringenden bewertung beider körper zusamen – womit er wohl die bewegung beider körper meinte!? Sein „verker" klang eher nach Ferkel als nach Verkehr. Keine Anwärterin hielt es bei ihm aus. Manch eine Haushälterin demolierte beim unschönen Abgang den kargen Hausrat.

Ehrbare Familienväter warnten ihre Töchter vor dem heiratsfreudigen Schwerenöter wie vor Zigeunern. Zwei Jahre lang warb penetrant der trompetende Prophet um Vera Schröder, die Tochter eines Brennereibesitzers – Begründung: „got“ habe sie ihm verheißen und er müsse an der Verheißung festhalten. „welche vorzüge hat ihre tochter, daß ich mir, sie zu besizen, nicht einbilden darf? sie hat keinen bukkel, hat ein gerades rückgrat, darauf ließen sich mit gotes hilfe vile weibliche tugenden aufbauen“. Dann aber ward der Gottesknecht, der verliebt mit Rosenstrauß anrückte, vom sittenstrengen Schnapsfabrikanten mit Roßpeitsche (oder Ochsenziemer?) vom Anwesen fortgedroschen – filmreif.

Wenn er irgendwo Mist baute, waren das alles nur Gehorsamsleistungen gegen „gotes“ ihm offenbarten Willen. Legenden und Schnurren, bzw. die Salzwedel-Gardeleger-Zeitung, berichteten, Nagel sei bei einer Brautwerbung in Kuhbier Ostprignitz vom Gegenstand seiner Liebe mit Steinen beworfen und mit Hackenstiel verprügelt worden; anderswo mit Dreschflegel. In Mondnächten brachte der trompetende Prophet unerwünschte Ständchen. Entweder traf des Nagels Ruf, ein sexuelles Monster zu sein, den Nagel auf den Kopf, (wie Toulouse-Lautrec) mit übergroßem Organ furchterregend ausgestattet, mit welchem er angeblich bis zu 13 x pro Tag einer holden Gehilfin beizuwohnen pflegte, bis überforderte Frauen leidend zum Frauenarzt liefen, oder Nagel war nur so lüstern wie sowieso alle seine geschlechtsreifen Artgenossen und verbarg es, zu deren Ärger, nur weniger als seine prüden Brüder. Oder er gehörte als später Ausläufer in den Rang mittelalterlicher Minnemystik und Leibfreuden und schwelgte problemlos Gotteswonne wie der göttliche Erotomane Baha'uddin Walad – ein Pan oder Priapos im härenen Gewand, eine Pseudomorphose, Kentauer aus Dionysioskult und Urchristentum. Jedenfalls konnte Pfarrer Reinhold Kannicht es nicht zulassen, daß ein falscher Jesus mit Sexualtrieb die Kirche mit Liedern versorgte, so ungeneigt wie der Herr Pfarrer in Gerhart Hauptmanns Roman von 1910 „Emanuel Quint“. Ein anderer Pfarrer stimmte nutzlos dafür, Nagels Erntedanklied, auf „gotes“ Geheiß selbstkomponiert, gottesdienstlich aufzuführen.

Dann sah eine Nienburgerin auf ihrem Hof einer Holztonne nackte Füße entragen, glaubte an Mord und trommelte Nachbarn zusammen. Da kam Bewegung in die Füße: ein eingeschlichener Schlafgast entrollte sich der Tonne, kam in Bewegung. Man kam ins Gespräch und erfuhr, daß man hier, statt Diogenes, einen Nachfolger vom lieben Herrn Jesus vor sich habe. Nur sah der alternde, nach wie vor ungekreuzigt umgehende Christus, zwischen den Bubiköpfen der Golden Twenties - im Zeitalter der Lippenstifte und Nagellackentfernung - arg alt aus, mit seinem „lebensprogram fon got“.

Sein Plädoyer, den Kronprinzen Wilhelm, Sohn von Kaiser Wilhelm II., auf den verwaisten Hohenzollernthron zu setzen, sah in SPD-Zeiten arg deplaziert aus. 1928 gründete er, eingebettet in (noch nicht aus Deutschland hinausgefegten) Parteienwildwuchs à la „Volksblock der Inflationsgeschädigten", „Lebensinteressen der Ledigen", „Aufwertungs- und Aufbaupartei", „Nationalsozialistische deutsche Arbeiterpartei", „Unpolitische Liste der Kriegsopfer, Arbeitsinvaliden und Unterstützungsempfänger" (vergleichbar später den Bunten, Grünen, Grauen, Esoterischer Union) die sog. „deutschkristliche folkspartei". Ziele: rückgabe deutscher kolonin, gartenstädte für obstbau und nußhaine, schaffung von schulgärten und schulweiden, steuerfreiheit für kunst und wisenschaft u.v.m. Ein Hauptpunkt seines politischen Engagements: „du must baden, im untertauchen ligt das leben, ge warm im wasser, bade kurz, sorge stets für widererwärmung, dan bekomst du energi." Reichstagskandidat Gustaf Nagel erntete 901 Stimmen, die ihm fast nur von Spaßvögeln gegönnt wurden. Ihm ward „politische Kinderei" angekreidet – „Auswüchse des Reichstagswahlrechts". Nagels Kommentar: „und da ich durch mein barfußgehen immer klaren kopf und durch meine gotergebenheit geistige erleuchtung von got empfange, so wüßte ich nicht, worin der auswugs ligen sol." Für den Einzug in den Reichstag fehlten ihm 55713 Stimmen, im Gegensatz zu Hitler, der 800000 Stimmen erhielt. Die Stimmen sämtlicher Arendseebewohner für Nagel hätten nicht ausgereicht.

Stets unverdrossen, verfaßte der Weltverbesserer, ja: Deutschlandretter, eine Hymne an Germania, „du edles weib". Obwohl seine Gedichte, seine für Kirchenzwecke durchaus kongenial ausreichenden Choräle, seine unbehülfliche Handschrift und seine ortografi, die manchmal etwas legasthenisch wirkte und durch die er manchmal selber nicht durchstieg, kaum hinreichten, einen naiven Künstler à la Henri Rousseau aus ihm zu machen, verglich nagel sich problemlos mit Goethe und Schiller. Versifexens Kristentum sah eher der kleinen Welt von Faustens Gretchen ähnlich. Für einen, der auf x Dummbeutel wie ein geistlich Armer wirkte, mit Brett vor'n Kopf genagelt, schrieb er ungemein oft und fil. Ein Wohlmeinender nannte ihn sogar mal „Naturphilosoph". Trotz brucknerartiger Unbelesenheit verwendete Nagel sogar Worte wie „vertifen", „psüchiater" und „psüche". Das Barttragen verteidigte nagel mit kulturgeschichtlichem Abriß, historisch nicht unbeschlagen: 1870/71 haben den Sieg vollbärtige Männer ruhmreich heimgetragen. Friedrich der Große hat als langhaariger Herrscher die Folter abgeschafft. China zerfällt erst, seit sich die Chinesen den Zopf abnehmen. auch Jesus hat mit Vollbart die ganze Gottheit in sich gehabt, und Simson viel Kraft.

Zeitungen spotteten los: „Wehe den Glattrasierten und Kurzhaarigen! Dreimal Wehe! Deuschlands Rettung liegt im Vollbart! Nur in diesem Zeichen werden wir siegen. Schon liest man, daß die Filmdarsteller sich Schnurbärte wachsen lassen. Bald wird die ganze Männerwelt nacheifern. Heil, Heil diesem ‚auswugs'!"

1929 trat der vollbärtige Nagel sich dann einen Nagel in den Fuß, behandelte die Wunde mit Lehmpackungen. Dadurch ward aber seine Hornhaut derart weich, daß Nagel ab da nicht mehr barfuß laufen konnte. Da trug er Sandalen und Socken, die nun aber zu Ausschlag führten.

Dann verbot die Reichsschrifttumkammer in Berlin Charlottenburg alle Hervorbringungen des Dichterlings. Seine Beschwerde 1933 beim Regierungspräsidenten zu Magdeburg ward abgelehnt, desgleichen sein Antrag auf Herausgabe der eingezogenen, 6 m langen Hausfahne (Motiv: Jesuskreuz). Man versuchte dem Bannerträger einen Verstoß gegen § 2 des Heimtückegesetzes anzuhängen. Das hätt ihm den allgemein gefürchteten Sondergerichten zugeführt. Doch stand er zum Glück noch unter dem Schutz des § 51 (Entmündigung). Man durchwühlte sein Tempelschlafzimmer, nahm alles mit, was nicht niet- und nagelfest rumstand. Der Hausfriedensbruch nannte sich Pfändung. Der Aufsässige protestierte bei den Nazis gegen deren Sonntagsentheiligung und Nichtachtung seines deutsch-kristlichen Tempeldienstes. Magda Amann empfahl in der NS-Front (Neustadt/Pfalz) die Sterilisation des nunmehr fast sechzigjährigen Sonderlings. Den sah man jetzt als „Trompete blasenden Schwachsinnigen." Des „Volksschädlings" Tiraden à la „es ist überhaupt keine moral bei der jezigen fürung" liefen dem Staatswohl zuwider und häuften sich.

1936 erging Redeverbot. Nagel aber faselte und kündete weiter und ward erwischt, Kettenbriefe zu verbreiten: „nim und lis und gibs dem nachbar weiter". Irgendwer wollte ihn auch mal irgendwo ein Schnitzel essen gesehn haben.

1937 reiste eine geschiedene Krankenschwester an, die resolut mopsbullige NS-Frauenschaftlerin Eleonore Teichmann, um den berühmten Mann zu sehn, den sie gleich um den Finger wickelte. Lieber nahm der spannenlange Hansel so eine nudeldicke Dirn als gar keine, noch dazu eine glühende Hitlerverehrerin. Die Hochzeit scheiterte zunächst am verwehrten Ehetauglichkeitszeugnis. Dann ging sie landesweit wie eine Königshochzeit durch alle Zeitungen.Zwischen den frischgebacknen Eheleuten setzte es alsbald tägliche Brüllorgien. Die voluminöse, angewelkte Braut bekam immer öfter

Gustaf Nagel und Frau Eleonore am Hochzeitstag 3. Mai 1938

ihren Koller. Die Schreckschraube und Giftnudel erzog den bejahrten Bräutigam, den sie „dummen Hund" nannte, mit Bratpfanne und Nudelholz und sah auch von vornherein so aus. Handgreiflichkeit mutierte zu Handgemenge.Sie entfernte seine frugalen Wintervorräte. Sie giftete ihn an: „Wenn du man erst um die Ecke wärst! Diesen Winter ißt du deine Äpfel nicht auf!"

Der Apostel wandte sich an den Gerichtsherrn, Generalleutnant Wolff, seine Frau trachte ihm nach dem Leben. Sie habe, klagte er, aus ihrer Krankenhauszeit Gift aufbewahrt. Er hätte eine Ampulle auf dem - inzwischen altersschwachen - Harmonium gefunden und sich nach dem Essen so müde gefühlt – seltsame Parallele zum Ehehöllendrama im Leben des Meisters Diefenbach. Die streitsüchtige Wuchtbrumme wiederum beredete den Stadtrat, ihren Gatten in eine Anstalt zu weisen. Sie verpetzte ihn bei der von ihr sog. „Stapo". Ihr Mann erzähle jedem Besucher, der Führer Hitler raffe ein Land nach dem andern an sich und Göring sei ein großer Schweinefleischesser.

nagels „got" sprach zu nagel mitten in der Nazizeit: „las sich das alles auch nachher ruhig weiterentwikkeln, di nazis gehen irem schiksal entgegen." Seinen Tempelgarten, statt ihn laut Anordnung zu schließen, ließ er furchtlos geöffnet.

1939 stand der photographierte Nagel mit Mittelscheitel und Büßergewand, als imposant vollendeter Kristus, anachronistisch zwischen seinen eingezogenen Söhnen feldgrau in Landserkluft, Koppel und Stulpen. Marinejugend 1941 hänselte den Tempelwächter, demolierte und entweihte dessen Tempel. Sohn Adolf, der sich verabschiedet hatte: „Vater, paß schön auf dich auf!" fiel 1943 bei Stalino. Zu kondolierenden Mitbürgern sagte Vater Nagel: „mein adolf ist mit nur vorausgegangen, bald werde ich in widersen."

Mit Aussprüchen wie „statt deutsche flugzeuggeschwader solten besser ernährungsgeschwader gebildet werden" oder „in disem krig gibt es keine siger und besigte" war das Maß voll. Ortsgruppenleiter sprachen von Landesverrat. Kriminalkommissar Litzelmann konfiszierte Nagels winziges Vermögen. Der Volksfeind kam in Schutzhaft nach Dachau. Wachmannschaften lachten sich krumm bei der Ankunft des Herrn Jesus. Er behauptete, wenn man ihn kahlschere, erkälte er sich. Der hinzugezogene nächsthöhere Kommandant genehmigte Nagels lange Haare. Als Alibi-Casus wurde der ab sofort sogenannte „Jesus von Dachau" bei KZ-Besichtigungen durchs Rote Kreuz vorgeführt, ein im Talar wandelnder Beweis, wie human und humorvoll es in deutschen „Konzertlagern" zugehe. Aufseher gestanden ihm sogar Bleistift und Papier zu, um über seine Gedichtrezitation grölen zu können. Zur SS wagte er zu sagen: „Ir könnt einen deutschen dichter und lidermacher nicht vergewaltigen!“ Meist aber hielt er dann doch den Mund. Denn er ahnte sehr wohl, daß man hier leicht durch den Schornstein gejagt werden konnte.

Die Haft überstand der Vegetarier, spartanisch trainiert, besser als x Mitinsassen. Bei seiner Entlassung sagte Häftling Nr. 49910: „adolf ist tot, gustaf lebt.“ Von den drei Söhnen überlebte nur Gottfried Nagel den Krieg unversehrt.

Auch nach der Stunde 0 riß die Kette nagelscher Friedensbotschaften, Anträge und Anschläge nicht ab. Der Tempelwächter schritt seines Weges munter und wacker fürbaß, in erneut veränderter Welt. Man möge ihn vor Unfug schützen. Vom Nachbargrundstück störte Grammophonmusik sein Wirken im Tempelbesuchsgarten. Ein Schild bat: „bitte stelen si mir nicht mein obst, ich muß im winter dafon leben“. Die sowjetische Besatzungsmacht zeigte wenig Interesse, die alte Popularität des Antifaschisten neu aufleben zu lassen. Ein russischer Kommandant bot ihm Speck, Wodka und eine Papyrossian an, der VVN aber (Verfolgter des Naziregimes) salbaderte nur von got, und von den Hohenzollern, und daß die Dämonen ihm nicht erlaubt hatten, Deutschland zu retten. Bisweilen meldeten Heimatnachrichten: „Hei lewet noch. gustaf nagel besuchte kürzlich unsere Redaktion, um zu beweisen, daß er, entgegen von Gerüchten, noch am Leben ist.“

1947 fanden sich Zettel an städtischen Lindenbäumen: „suche eine 25jährige frau. gustaf nagel“ – von Witzbolden angenagelt oder von ihm selber? Immer noch suchte er Frauen, die mit ihm gemeinsam das entzükkende glück götlicher vereinigung zu spüren bereit wären. Altersgenossen und Veteranen beneideten die legendäre Potenz des siebzigjährigen Nagel, die damals noch „Manneskraft“ hieß und Assoziationen zuließ zu Negern und anderen Naturmenschen. Geile Greise fraßen (fünfzig Jahre vor Viagra) ihren Kaninchen die Karotten fort, um in diesem einen Punkt so fähig wie Nagel zu sein.

Unglaublich, wie sich alsdann Archaikum und Adenauers Bundesrepublik überkreuzten: Der fossile Narr um Christi willen (1. Korinther 4, 10) redete 1949 von „fridfertiger atomkraft“ und zugleich von „gotvertrauen“, und obendrein weiterhin von „fölkisch“ und „folksschedling“. Nachdem gustaf nagel ein Lied „sonne und libe – friden auf erden“ beilagenreich an die englische, französische, russische und Ami-Kommandantur in Berlin geschickt hatte, per Einschreiben, auch an die Bundesregierung in „bon am rein“, rückten würdevoll Vertreter der vier Siegermächte an, mit Dolmetschern und Zigarren, redeten sich wechselseitig mit Exzellenz, Euer Durchlaucht, Herr Geheimrat, Herzog von Cumberland, Seine Königliche Hoheit der Herzog Ernst August von Braunschweig-Lüneburg, Stresemann an, zelebrierten militärische Hierarchie, und legten dem „fridensapostel", nunmehr 76, Friedensverträge zur Unterzeichnung vor. Der tumbe Tor und royalistische Simplex durchschaute nicht, daß sich verkleidete Urlauber einen Jokus erlaubten und glaubte alles, vor allem die bevorstehende Königskrönung, zufällig bei ihm auf dem Seegelände von Arendsee, am 22. März 1949! In restloser Verkennung aller modern times, lud der königstreue Gottesnarr Nagel Würdenträger unserer kristlichen Kirche ein, alle in voller Amtstracht. Viel Volk wartete Stunden. Doch der König kam nicht. Im letzten Moment erhielt Nagel die „wision", der König sei leider an der Grenze zurückgehalten worden, von Dämonen.

1949 sagte er einer 47 Jahre jüngeren Drogerieverkäuferin, sie solle doch endlich heiraten, da sagte sie aus Spaß „Am besten Sie!" Sofort verfaßte der geschäftige Greis einen Brief an sie: „du sagtest gestern zum schlus zu mir du woltest mich heiraten. das kannst du machen, wen du dazu einsazbereit bist, for got gilt die einsazbereitschaft, di fordert von dir, must di drojeri (für Golghata schrieb er „goljata") lassen, must das fleischessen lassen, must dich fleißig der musik widmen, must dich mit mir zu jesu füßen legen" usf. Einem Jungen faßte er ans textile FDJ-Abzeichen und sagte als gelernter Materialwarenhändler oder auch als begnadeter Metaphoriker: „der stof hält aber nicht lang."

Kaiser- und Nazizeit hatten es nicht hinbekommen, mit diesem Narren fertigzuwerden; DDR-Funktionäre wiesen ihn dann doch noch in Uchtspringe ein. Tabletten spuckte er dort in den Ausguß. Fleisch trat er ab an Mitinsassen, die deshalb nichts gegen ihn hatten. Seine Entlassungsgesuche und Beteuerungen, er sei weder wansinnig noch ferrükkt und er müsse auf seinem Anwesen Obst ernten, fruchteten nichts. Unglücklich, nicht heimzudürfen, starb er dann bald an Herzversagen.

Der schmale Besitz des Irrenhäuslers wurde, um Steuerschulden zu begleichen, schnell verscherbelt: Harmonium, Sägebock, Kumpkarre (gut erhalten), Quäkengabel, Kartoffelkratzer, Pickhacke (beschädigt), Steinkruken (wertlos) u.ä. Auf seinem schlichten Grab stand alsbald: „hir rut in got gustaf nagel". Die FDJ demolierte und entweihte den wiederaufgebauten Tempel des Tempelwächters vom Arendsee. In und um Arendsee - und Umgebung - hielt man dem Sohn der Stadt Fahnentreue wie nur noch zu Schützenkönig und Zweitliga-Verein. In seinem Seegarten ward das Bierlokal „zum alten gustaf" eröffnet. Dessen Abstinenz hatte man ihm sowieso nie ganz abgekauft.

Nagels Söhne betätigten sich als Vegetarismusförderer und Siebenten-

Tages-Adventist. Parteien stritten, ob man des Tempelwächters Tempel neu aufbauen oder nur die Tempelreste pflegen solle. Fremdenverkehrsverein, Kulturamt, Arbeitsgruppen, Einzelpersönlichkeiten, Lokalgrößen betrieben Nagelpflege als Lebensaufgabe. Pfarrarchive und Krankenakten öffneten vatikanartig ihre Schleusen. Simultan operierende NagelkennerInnen kamen sich mit verdienstvollen, mangelbehafteten Nagelpublikationen, Nagelbroschüren und überregionalen Nagel-Standardwerken in die Quere, ohne Nagel vom heimatkundlichen Flair entkleiden zu können. Der Nagelimitator Reno Metz, leider bartlos, ließ es an Nagels heimeliger Frömmigkeit ebenso fehlen wie an Nagels Alkoholverzicht. Auf sog. „Nageltagen" in Klosterruinen am Seeufer hielten herbeigekarrte Nachfahren und DDR-Christen mit Ortsbegehungen, Frauen- und Posaunenchören Nagels Andenken wacker aufrecht. Man zementierte kleckerweise seinen Nachruhm. Historische Nagelpostkarten kosteten alsbald 25.- DM, selbst auf Flohmärkten, und im Nu 20 €.

Alsbald klagten manche, solch merkwürdige Typen wie Gustav Nagel seien heut leider ausgestorben. Was zum Glück nicht ganz wahr blieb: Zu Flowerpowerzeiten liefen Tausende Dschiesesfreak herum, viele davon waschechte Gustaf Nagels, ohne dieses ihr Urbild zu kennen.

Zum 130. Geburtstag 2004 n.Chr. erfolgte die postume Uraufführung von Nagels Erntedanklied. Weiterhin am Harmonium tätig,weckte der allerletzte Mohikaner, sprich: Nagelsohn, 86, wacker Heilsarmeegefühle. Der Vatikan brauchte vierhundert Jahre, um sich bei Galileo Galilei zu entschuldigen; Gustaf Nagel ward bereits ein, zwei Generationen später rehabilitiert. Papst Woytila sprach freigebig und leichtfertig fuderweise Langeweiler, Dumpfis und Opfer heilig- und selig; aber der ausgegrenzte und abgeschobene Gaustaf Nagel, trotz Nazi- und Stasi-Opferstatus, und mindestens einer Wunderheilung, wurde nie helig- oder seliggesprochen, wie ja auch Alfred Hitchcock, Stanley Kubrick, James Joyce, Marcel Proust und Franz Kafka weder Oscar noch Nobelpreis einfuhren. Zu Lebzeiten hielt jeder den heiligen Narren für einen Spinner, und keiner den Spinner für einen echten Propheten, mit dem Stempel Gottes auf der Stirn „Echt!", obwohl echtere Propheten genauso verlacht wurden wie Nagel. Immerhin häuften sich ab 2004 Pfarrer, die den treudoof bedeppert Durchgeknallten - zum Ausgleich - für einen authentischen Heiligen hielten, und dessen Jesusfimmel für tiefe Gläubigkeit. Sogar de facto viel jesuanischer als der historische Jesus vor Ort sah der Christusimitator Nagel aus; denn Aramäer, wie Archäologen herausfanden, trugen um 30. n.Chr. sehr kurze Bärte und Haare, liefen (statt leptosom) kleinwüchsig herum, und mit arg fliehenden Stirnen. So überbot eine gut dokumentierte Terziärkopie das ewig unrekonstruierbare Urururur-Original. Jesus lief Pharisäern und römischen Legionären um nichts weniger quer als Nagel Stammtischlern und Uniformträgern. Hier wie da blieb die Kirche im Dorf und eroberte in dem einen Fall trotzdem die Welt. Nagels hinterwäldlerisch heilige Einfalt kontrastierte mit der eloquenten Eleganz seines mondänen Jahrgangsgenossen Karl Kraus genauso unüberbrückbar wie Jesus' ländlich heilige Einfalt mit der eleganten Eloquenz seines mondänen Zeitgenossen Publius Ovidius Naso. Allenfalls stellte wissenschaftliche Positionsbestimmung den Gustav Nagel in kritischer Würdigung in die opulente Reihe quasi- und semireligiöser Propheten, Inflationsheiligen und barfüßigen Erlöser Karl Wilhelm Diefenbach, Fidus, Arthur Gustav Gräser, Ludwig Christian Häusser, Max Schulze-Sölde, Friedrich Muck-Lamberty. Extrem up to date und aktuell blieb vor allem nagels pionierhafte kleinschreibung, die avancierte erfolgreich zum usus aller reklame-tüpografiker, hacker, chatter, surfer, nerds, amis, avantgardisten, internetfreaks & googelianer.

Worte von Gustaf Nagel:

komm zu jesus, bade dich im see, als wär's in jesu blut. (1908)

da mir got deutschlands leuchtend ausgeschweifte grenzen und auch die auslandskolonien wider verheißen hat, trete ich für die rückgabe der deutschen länder ein, wobei an frankreich elsaß-lotringen als fersöhnungsgabe und an polen ein teil als patentgabe zu irem reiche gegeben werden kann, doch so, daß ostpreußen ungetrennt vom deutschen reiche bleibt. (1919)

wilst du nicht den erdenschmuz / bist du auch zu nichts hir nuz / jesus sucht den sünder auf / reinigt deßen lebenslauf. (1922)

den got spricht: einen andern man liben ist sünde, ein weib aber, welches dem eignen man di tür zum herzen ferschlißt ist des todes schuldig. (morgengruss, 1924)

nichts ist das elektrische licht gegen der sonne licht; menschliches erbarmen ist eng begrenzt, kristi erbarmen ist tifer wi das mer. (aus nagels program der deutsch-kristlichen mittelstands- folkspartei, 1928)

haben die menschen di libe und ihre fruchtbarkeit beiseite gesezt, so das man jezt, wi festgestelt ist, ca. 800000 kinder im muterleib bei uns tötet, um keine kinder mer zu haben, also sovil wi ein stehendes heer von 8000000 man ausmacht, welches got jezt von uns wider zu organisiren verlangt, da „Jeder 10. man wider soldat werden sol." das kämpfen ist nun mal unser los, spricht gotes stime: ‚kämpfe bis zum sig'. (1928)

got gebe euch erkentnis das ir leben könt one scham wi di rosen und lilien, nakkend so rein edel und gut. (Plakatmitteilung)

Gustaf Nagel über sich selbst:

o mein herz war sehr beglückt, daß ich den liben schulfreund widersa, als ich aber so in seiner stube size, wo hare geschniten und barbirt wurde, da wart es mir bei jedem schnit der schere und bei jedem zug des rasirmesers als schnit schere und messer in mein herz, o schmerzhaft war das, ja warlich, die kraft läßt man sich beschneiden, wenn man sich die hare schneiden und rasiren läßt und schuz und schmuk gibt man dahin, o traurig ist das. (5.4.1901)

diesen geist haben meine sontagsblätter und meine demnächst erscheinenden schriften „es werde licht" und „und wenn uns alle kraft gebricht, jerusalem gibt neue kraft", in sich, und damit die leidende menschheit der großen welt zur arendser kükkleinschar wird, muß arendse die eier ausbrüten, das heißt, arendsee sol die druklegung und verbreitung meiner schriften, welche henne wi kükklein zwekerfüllend zur unterlage dinen solen, unterstützen und meinen fernruf „komt alle her" fördern helfen. (1906)

da zog ich mich aus, ganz nakt, und strekte mich auf dem warmen waldboden aus, als wäre ich bei mutter grün zu haus, und das war wi eine auferstehung. da brauchte ich mich nicht zu schämen, da brauchte ich keine bretterwände, da konnte ich mich ordentlich strekken, strekken nach herzenslust, ausstrekken als mensch. so macht es gewiß auch der hirsch in seinem waldverstek, wo er sich sicher fült, wo er ganz hirsch, nur hirsch. (1916)

ja, als ich das erste mal halbnackt in einer selbst bebauten erdhüte, fernab vom menschengewoge, im wald zwischen nidrigen tanen wonte, da wurde ich inerhalb 4 wochen blüend, und es löste sich das herz von alem irdischen und wurde emfänglich für den abgrund der wunder gotes und für das geistig hohe und erhabene. das rauschen des waldes war mein wiegenlid, di herlichen gebilde des himels mein schaustük. sone, mond und sterne meine leuchte, morgentau und regen meine wäsche und balsam jeder atemzug – doch ich war ganz alein. (1916)

hir in meinem garten wird fil über got gesprochen, fil gefragt, ob es einen got gibt. ich habe in erfaren. nie genug können wir in loben. (1919)

schon am anfang meines jezt 30järigen wirkens für got wurde mir aus überirdischen lüften hinter der mir sich öfnenden himmelswand eine herliche wunderbar goldig stralende krone, die krone des ewigen lebens entgegengehalten, als wolte mir got damit sagen: erntest du auch auf erden undank, spot und hon, im himmel ist dein lon. (1924)

in ganz arendsee nimmt man gern ein gedicht von mir, nur der bürgermeister ist gegen mich. (1925)

got gab mir die botschaft, das kein mensch dem andern die freiheit rauben darf. ich stehe unter gotes schutz, und got würde es nimals zulassen, daß ich zwangsweise der anstalt zugeführt werde. (1925)

als ich in der brautnacht meine frau befruchten wolte, lif si weinend mit den worten hinaus si hätte gedacht, das hätte noch zeit; später hat si den libesakt nur geduldet, in ni öfter als einmal gewärt und das selten. (1930)

alle lider, die ich singe, habe ich selbst komponirt, dabei bin ich früher nimals musikalisch gewesen. gustaf, sagte mein lerer immer, wo andere menschen ihren musikalischen hinterkopf haben, da hast du eine hole beule. eines tages sagte mir eine innere stimme, daß ich doch komponiren könne. ich setzte mich dann hin und wurde komponist. (1936)

ich bin kein fanatischer mensch, der di menschen und fölker zwecklos zu gegenseitigem zerfleischen aufpeitscht. (an Reichspropagandaminster Joseph Goebbels, 1942)

somit ging ich nicht nur mit gotfertrauen, sondern auch mit selbstfertrauen an die beurteilung der tifsten lebensfragen heran.

Ich habe mit dem lieben got gesprochen, ich werde 100 jare alt. (1949 zur 7jährigen Christine Meyer) – hir unter den ferükten zu leben, ist furchtbar.

Andere über Gustaf Nagel:

Ein Mann, der sich Jesus Christus nennt, ging Donnerstag Nachmittag in der Kaiser Friedrichstraße hierselbst spazieren. Mit nackten Füßen ging er nebst großem Gefolge durch den kalten Schnee. (Berliner Zeitung, 1.2.1900)

Die Freiheit seiner Willensbestimmung ist durch die Herrschaft seiner Wahnideen ausgeschlossen. (Gutachten 1900)

Namentlich Kohlrabi scheinen ihm vortrefflich zu munden. (Wochenblatt Neuhaldesleben, 18.9.1900)

Soviel ich von Nagel weiß, steht derselbe auf einem kindisch-tierischen

„Naturmenschen“ Standpunkt, der von vielen Frauen umschwärmt und unterstützt und dadurch eitel gemacht würde, so daß auch dieser Naturmensch wie die meisten Vegetarier, die ich bis jetzt kennen lernte, nicht bloß mein öffentliches Ansehen, sondern die ganze von mir über den landläufigen Vegetarismus hinaus betriebene Lebensreform schwer schädigt. (K.W. Diefenbach, Tagebuch, 1903)

Gustav Nagel aber und seine Frau sind lange nicht so vernagelt, wie andere – denken. (Der Altmärker, 3.2.1904)

Und Gustaf hätte ich am liebsten geohrfeigt. Ich sagte ihm auch – hätte ich den erst besten Mann geheiratet, hätte ich nicht so viel in der stinkigen Welt zu leiden – als bei Ihm dem Natur Menschen – der sich irdischer Güter wegen mehr in Gestank und Rauch bewegt, als ein Herdenmensch. (Meta Konhäuser, 30.9.1904)

Helle Freude breitet sich über die Züge der Anwesenden; denn der Anblick seiner Persönlichkeit wirkt erfrischend; er macht den Eindruck eines Genesenden, aber noch nicht Gesunden. Seine Gestalt, sein von lockigem Haar umwallter Kopf sind schön. Ausdruck und Haltung sind edel, sein Auge jedoch ist unstät – er lacht oft kurz und grundlos auf. (Ida Hofmann: „Monte Verità, Wahrheit ohne Dichtung“, 1906)

gustaf nagel war ein lediger / grasprofet und wanderprediger, / angetan mit einem schurz, / hare lang und hemde kurz. / ganz alein schritt dieser jünger / barhaupt durch den menschendünger. (Scherzgedicht aus „Die Jugend“, 1909)

So ist seine zur Schau getragene gottergebene Demut unvereinbar mit der Selbstüberhebung, mit der er sich ein christusähnliches Äußeres zu geben versucht und keine andere Ansicht gelten läßt. (Bezirksausschuß zu Magdeburg, 1913)

Auch als ich auf der Auktion die Speisekammervorräte des Naturmenschen Nagel erstand, der laut Prospekt von Pflanzenkost dahinvegetierte – auch da war ich richtig satt. (Kurt Tucholsky: „Der Mann mit den Spritzen“, 1919)

Oh, Bruder, ich glaube, du bist ein Mittelding zwischen dem Naturmenschen gustaf nagel und einem Rechtsberater aus der Köpenicker Straße, und was hast du mir nun zu sagen, Bruder, für den vorkommenden Fall einer kleinen Haft? (Kurt Tucholsky, 1929)

Otto, bring dem Justaff mal ne Bockwurscht! Der sieht ja aus, als wenn det Vaterunser durch die Backen blasen kann. (Volksmund, undatiert)

Otto, halt de Wand fest, Justav will die Posaune von Jericho blasen! (derselbige Volksmund)

Der Tempelwächter vom Arendsee ist kein Heiliger und kein Prophet, wohl aber eine gern gesehene Erscheinung in der nüchternen Welt des Alltags. (Chemnitzer Tageszeitung, 2.9.1934)

Er ist auch sehr kirchlich. Aber sein Christentum ist doch eine sehr zweifelhafte Sache und nicht nur in Bezug auf seine Visionen, durch die er mit den Propheten und Paulus in einer Linie zu stehen meint, sondern auch in Bezug auf seine Ethik. Ich kann hier nicht ausführen, welche Auseinandersetzungen ich mit ihm schon gehabt habe wegen seiner unglaublichen sexuellen Gier, wie er alles, ob es sich um die Liebe Gottes, die Liebe zu Gott oder Christus handelt, von hier aus sieht. Für ihn dreht sich alles um das Weib. (Pastor Reinhold Kannicht an seine Amtsbrüder, 16.9.1936)

Nagel ist eine völlig außerhalb der Volksgemeinschaft stehende Persönlichkeit, ein Eigenbrötler, der den Behörden Schwierigkeiten entgegensetzt, wo er kann. (Landrat von Osterburg, 1936)

Wäre er nicht so komisch gewesen, ich hätte ihn noch geheiratet. (Tante Lieschen Projahn, 1952)

Als Eremit in brauner Kutte, ein silbernes Kreuz auf der Brust, Sandalen an den bloßen Füßen, mit langen Haaren, die bis auf die Schultern fielen, sagte Nagel, den die Berliner respektlos den „Kohlrabi-Apostel“ tauften, gegen dreißig Pfennig die Zukunft voraus, empfing Botschaften von F. Kristus, verfaßte eine „weltanschaungslere“, die sogar gedruckt wurde, wetterte gegen den allgemeinen Verfall der Sitten und ließ sich für die Besichtigung seiner Bedürfnislosigkeit bezahlen. (Curt Riess: „Ascona“, 1964)

Für Norddeutschland wurde er mit seinen Jesuslatschen eine ebenso legendäre Berühmtheit, wie es seinerzeit Karl Wilhelm Diefenbach, der „Kohlrabi-Apostel“, für Süddeutschland gewesen war. (Jan Frecot, 1979)

Denn das Predigen konnte Gustav nicht lassen, wenn er auch nur einen Zuhörer hatte. (Heinz Bräuer: „Der Königsmacher vom Arendsee“, 1997, Auflage: 50 Stck.)

Objektiv ist nichts Geniales an Gustav Nagel zu entdecken. Ein unübertroffen naives Selbst- und Sendungsbewußtsein verlieh ihm jedoch seine viele Menschen so beeindruckende Originalität. (Prof.Dr. Helmut Obst, Halle-Wittenberg, 1997)

Hatte Nagel keine Frau, war mit ihm nicht zu reden. got offenbarte ihm dann, er müsse durch ein bestimmtes Dorf gehen und kräftig auf seiner Trompete blasen. Das erste Mädchen, das ihm dabei begegne, werde seine Frau sein müssen. (FAZmagazin, 25.9.1992)

Gustav Nagel in die Reihe großer Altmärker wie Winckelmann, Bismarck, Danneil, Parisius, Nachtigal einzuordnen, wäre wohl zu vermessen, er ließe sich auch nicht einordnen und schon gar nicht in eine von anderern vorgegebenen Welt-Ordnung. (Christine Meyer, 2001)

Leider übernahm er auch das übertriebene Deutschtum von Diefenbach und seinem Schüler Fidus. (Eckehard Schwarz, 2001)

Warum bleibt Nagel nicht bei seinem ursprünglichen Zeichen, bei seiner eigenen Erfahrung, beim Stern? Etwas boshaft könnte man sagen: der Kaufmann in ihm hat erkannt, dass der Stern sich nicht so gut verkauft. Mit einem Stern verbindet sich nichts Genaues, Bestimmtes. Beim Kreuz weiß jeder Bescheid. Das Kreuz hat eine klare und feste Bedeutung, und Millionen Kunden kennen und verehren es. Das Kreuz ist das bessere Markenzeichen, das zugkräftigere Logo. (...) Nagel hat sich anscheinend nie die Frage gestellt: Wie lassen sich die Ideale der Lebensreform, ihre Leibfreundlichkeit, ihre Erd- und Sinnenliebe, ihre Frauenfreundlichkeit, wie lässt sich diese Diesseitsbejahung vereinigen mit der Leibfeindschaft, mit der Sinnenfeindschaft, mit der Frauenfeindschaft des traditionellen Christentums. Nagel hat damit anscheinend kein Problem gehabt. Er hat naiv und schlicht seine phallusförmigen Säulen neben das Kreuz gesetzt, er hat seine Sinnlichkeit offen ausgelebt, hat eine unverheiratete junge Frau, von ihm geschwängert, nach Arendsee gebracht – ohne Entschuldigung und ohne Komplexe. Er war ein mutiger Praktiker, kein tiefschürfender Denker. (Hermann Müller) –

Vornehmlich Nagels intuitives Trompetenspiel, das manche seiner Vorträge einläutete oder abschloß, zog Zuhörer wie Zuhörerinnen in den Bann. (Claus Bernet, in: „Biographisch-Bibliographisches Kirchenlexikon", Band XXIII, 2004)

Gusto Gräser Bergführer, 1925

Drum TAO-Wind – ins Winterland der Schindustrie!

Gusto Gräser, Naturprophet, Wanderprediger, Waldbold, TAO-Dichter (1879–1958)

Schon als Kind fragte der sächsisch-evangelische Bezirksrichtersohn Arthur Gustav seine Mutter in Tekendorf in Siebenbürgen, also in Ungarn: „Warum machen sich Männer Frauengesichter?“, nämlich durch Bartrasur. Nach Gymnasiumsbesuch in Hermannstadt und Kunstschlosserlehre in Budapest, die er nach vierzehn Tagen abbrach, gewann er bei der Weltausstellung 1896 in Budapest eine Goldmedaille, mit einer Schnitzarbeit. Als Reimdichter fing er an wie alle Zuspätromantiker: „In fernen Waldes Grunde / ward mir gar traute Kunde. Endlich schwänzt ich in die Wiesen, / nach dem Bächlein, in den Wald: / Da gab's keine Analysen, / da gewann mein Geist Gestalt.“

1898 trat er ein in die lebensreformbewegte Künstlerkolonie Himmelhof bei Sankt Veit, als einer von zwanzig Adepten des gestrengen Lebensreformers Karl Wilhelm Diefenbach. dem er sich nicht im gewünschten Maß unterordnen wollte: Als Malschüler - statt nur den „Kommandoworten“ des Meisters zu lauschen – leistete er sich zuviel eigene Bildeinfälle und verstieß auch gegen die dortige Jüngerpflicht, Tagebuch zu führen. Er rebelleierte gegen den Meister, brieflich und mündlich, zog nach sechs Monaten aus, schuf ein monumentales Ölgemälde ‚Der Liebe Macht‘, ein Programmbild seiner Ideen. Darin steht ein romantisches grünes Waldparadies à la Ludwig Richterts Genoveva-Gemälde Genoveva-Wald einer Industrielandschaft als Mittelalterhölle à la Hieronymus Bosch gegenüber. Dann aber warf er seine bisherigen Gemälde aus dem Fenster und zog fortan durch deutsche und andere Lande, passlos und besitzlos, teils in Sandalen aus Flechtseil, Marke Eigenbau, teils in Holzschuhen, teils barfuß. Anstelle des isabellenweißlichen Himmelhof-Reformgewands trug er nun eigene Tracht, ein Rübezahl- und Urgewand aus Wolle, und nähte auf die wallende altfränkische Tunika ein Epheublatt. Angesichts dieses wunderlichen Heiligen hielten die Leut auf der Straße Maulaffen feil. Nicht jeder sah – quer durch die Aschenputtel-Attribute eines romantischen Landstreichers- die Goldaura eines Wanderapostels schimmern, frei nach franziskanisch-urchristlicher oder eher kynischer Sitte, ein neuer Diogenes ohne Faß. Polizeibüttel wollten seine Papiere

1898 – eine der frühesten Landkomunen, der Himmelhof in Österreich, die ländliche Lebensgemeinschaft des Karl Wilhelm Diefenbach, zentral im Bild. Ganz links: der 19-jährige, noch bartlose Schüler Arthur Gustav Gräser.

sehn und seinen Beruf wissen. Er antwortete: „Diener". Wer ihn bat, seine Weltanschauung schriftlich auszuarbeiten, bekam Zettel überreicht: „Baue neben das Böse das Edle und Gute."Oder: „Willst das Eine du vernichten, musst das Andre du errichten!"

Man fragte ihn: „Aber was hat diese Lederkrone für einen Zweck?"

„Das ist keine Krone, sondern ein Riemen zum Zusammenhalten meiner langen Haare. Ich gab dem Ding nur eine zierliche Form und was die Hosen betrifft, so gesteh' ich Ihnen offen, daß mir die Elefantenbein-Facon bei unserer Männerkleidung wenig gefällt."

1900 wanderte Gustav Gräser von München aus mit einer fünfköpfigen Aussteigergruppe, der sein Bruder Karl angehörte, ins verregnete Italien, zum Lago Maggiore, nahe Ascona, wo man ein Berg- und Waldgrundstück fand und eine Reformsiedlung gründete, einen neuen Himmelhof, genannt Monte Verità, Berg der Wahrheit, den Geburtsort einer Gegenkultur. einen winzigen Naturstaat, Urmodell für spätere Landkommunen.

Die Freunde spalteten prompt in zwei Fronten auf, an Grundsatzfragen: Dem pragmatischen Millionärssohn Henri Oedenkoven und seiner Lebensgefährtin Ida Hofmann, der die Genossenschaft unter seinem Namen behötdlich eintragen ließ und der eine kommerzielle Naturheilanstalt anstrebte, stand der der radikale Flügel der Gebrüder Carlo und Gusto Gräser gegenüber, die mit dem „Zurück zur Natur" richtig ernst machten und denen eher eine utopisch-sozialistische Land- und Geistkommune vorschwebte. Selbst die Gräserbrüder konnten sich nicht ganz einigen:Weil Carlo seine schmalen Besitztümer nicht ganz losließ, schalt Gusto selbst ihn „schnöden Mammonknecht".

Nun wieder alleinstehender Wanderapostel, warf Gusto Gräser seine Funkelsamen, Flatterblätter und „Epheublätter" ins Land, zog aus seiner Wunderwandertasche Sinnsprüche und Mittelachsengedichte, vebreitete Wandsprüche, Rollbilder und Steindruckzeichnungen, selbstgefertigte Spruchkarten aus Falt- und Buntpapier, handgebundene Gedichte. Barbarisch wahr, barsch wie ein Bär, trollte er durch unsern Weltwald. Er wandte sich: „An dich, mein unbekannter Freund, im Elend der Zivilisation". In München klapperte er Lokale von der Art des „Simplizissimus" ab, um hygienische Traktate zu verkaufen, als wären's religiöse. In Stuben und Sälen hielt er Ansprachen, die er „öffentliche Gespräche" nannte, in der Schwabinger Türkenstraße über„Die Entstehung des Tanzes. Ein Vortrag von Gusto Gras und anderen Werdefrohen und - bist Du, willst Du - auch von Dir!"

In seinen ersten Wanderjahren glaubte er, auch ohne schnödes Geld gedeihen zu können. Die Legende kursierte, daß er einen Geldschein, den er auf der Straße fand, wieder fortwarf. Manchmal erhielt er an Haustüren von der öffnenden Magd, wenn er um ein abgelegtes Stück alten Brots bat, frisches Brot und auch Zulagen. Fremdtobak verachtete er und sang ein Lob aufs Habermus. Sein Unwille, sich auch in kleineren Fragen knechten zu lassen, machte ihn vielerorts unbequem.

In gutbürgerlichen Häusern zu Gast, gab er als Visitenkarte Grashalme ab. Raunte ihm nachts ein Traum zu: „Bleib", so blieb und arbeitete er ein paar Wochen, bis ein anderer Traum nahelegte: „Jetzt zieh weiter."Manchen Gastgebern sagte er ins Gesicht: „Ihr werdet mir nachfolgen!" Der sich auch Arthur Siebenbürger nannte, oder Gusto Gras, oder auch „Plural von Gras" - denn als einmalige Persönlichkeit könne er, statt Gräser, nur Gras heißen –, steckte als Lebewohl Grasbüschel an die Tür einer Bleibe.

Mit lauter, tiefer, weicher Baßstimme verbreitete er Diefenbachs Heilslehre, bis in Worte wie „entmenscht“ hinein, Tiraden gegen Leichenverzehr. Wer in seinem Beisein Fleisch zu essen anhub, dem riß er Teller fort und traf damit so empfindliche Nerven, daß selbst geduldige Spendierhosen ihn dann doch vor die Tür setzten. Für erwiesene Gastfreundschaft dankte er mit donnerndem Gedichtvortrag.Er aber aß durchaus mal ein Würstchen, wie Speiserestesser in Hindustan.

Er plädierte für „Ja Tracht und nimmer Mode!“ Wer ihn als nudistischen Propagandisten sah, irrte sich: Gräser sah Lichtgruß und Freikörperkultur eher als bürgerliche Veranstaltung und polterte: „Dort Luftkultur, Nacktkultur und derlei Jammer – hier urluftges Leben in Sonn und Sturm!“

1901 landete Gusto, weil er den Militärdienst verweigerte, zur Kerkerhaft verurteilt. 1902 tauchte er dann doch wieder in Ascona auf. Die Gemeinde Lolsone überließ ihm sogar, weil Oedenkovens Natursanatorium prosperierte und Gäste und Touristen nach Ascona zog, ein Waldgrundstück, als Wohn- und Pflanzstätte, mit wildromantischer Felsenhöhle, eine Fußstunde vom „Salatorium“ entfernt, bei Arcegno. Ein Zaungast fand in der „malerischen Felsspalte“ keinerlei Hausgerät vor, nur einen Steintrog für ausgespuckte Obstkerne, die Gusti (auch Gust genannt) auf Spaziergängen ausstreute, damit sie einst als Bäume den Wanderern Schatten spenden soll-

1898 – eine der frühesten Landkomunen, der Himmelhof in Österreich, die ländliche Lebensgemeinschaft des Karl Wilhelm Diefenbach, zentral im Bild. Ganz links: der 19-jährige, noch bartlose Schüler Arthur Gustav Gräser

Gusto Gräser, 1905. Das Wort telegen gab es dazumal noch nicht, aber Naturpropheten verschmähen es nicht völlig, auch mal vor den Kulissen eines Photographen zu posieren.

ten. Gust sagte ihm: „Ich liebe das Herbe." Oft ruderte er auf dem Lago Maggiore hinaus zu den arkadischen Brissago-Inselchen, Isola Bella in Sichtweite, um alldort zu angeln und Früchte aufzusammeln.

Knotenpunkte weiterer Fußreisen: Triest, Budapest, Wien, München, Zürich, Bern, Basel, Freiburg, Stuttgart, Heidelberg, Karlsruhe, Darmstadt, Kassel, Leipzig, Dresden, Berlin, Hamburg. Den Ruhrpott mied er wie den hohen Norden und Osten. Seine „Herzlandschaften" hießen Schwabenländle, Baden und Mitteldeutschland. Als lebendes Ausrufezeichen ging er seines Wegs fürbaß, als sein eigenes, des Merkens würdiges Plakat, unter freiem Himmel. Nicht jeder Naivling sah die wandernde Gestaltals Heiland wandeln. Nützliche, gutsituierte Gesellschaftsmitglieder, mit und ohne Bart, Zivilister in industrialisierter Wüste, fanden ihn arbeitssscheu, überheblich, aufdringlich, und wurden vom Prediger, den sie als Spinner und Schnorrer sahen, umgekehrt „Staatspuppen" gescholten, in mehr oder minder heiligem Zorn, „Biederpeter", „Rechtbehälter", „neidvernarrte Menschelein", gleichwie spätere Hippies die Spießer-Majorität als Neckermänner abtaten. Der von Berliner Schnauze „Kartoffelchristus" und „M. d. W. – Messias des Westens" tituliert ward, in Anlehnung an K.d.W. (Kaufhaus des Westens) und C.d.W. (Café des Westens), bezeichnete - seinerseits nicht mundfaul - seine braven Mitmenschen „Schluckerzucht", „Angstgezwerg", „Stolperpack", „Stotterseelen" und „nichtige Wichte". Intellektuelle definierte er„Gescheitheitstiefel", „Feingesindel" und „Hirngelichter" – wer blieb übrig? Aber indem er einen Schuft „Schuftikus" nannte, hörte sich ein solcher dann harmlos oder putzig an, nur halb so schlimm. Seine Maximen und Ausrufe, zwecks Volks- und Völkergenesung, verdichteten sich zu Lehre und Appellation, markig, kernig, deutschtümelig fremdwortarm: „Bau nur hinein in den Wust dein Gebilde, / bau nur heiter still hinein / deinen Stern – / Alles Andre lass gehen, lass sein! / Bau nur hinein!", „Fall Gesell hinein in die Träume!", „Donnerdrein – Du Erdensohn! Komm hervor aus dem Gewohn!", „Hier in dem Chaos, stark und still – üb dein Idyll!", „Hör auf, fall heim, verstiegner Mensch!", „Ruh dich reich!", „Freund, fall heim!", „Genesen, genießen!" „Hüt dich vor mir. Komm du zu dir!" „Sei da! Sei du!"

In summa: Folge dir selbst! Was ohnedies alle predigten, von Protestantismus bis Hermann Hesse (bis Osho alias Bhagwan).

„Jed Stäublein stiebt und wippt um sein Gespiel / und jedes Bienlein liebt sein Blümlein viel / und jeder Stern hat vielviel andre gern – / Du – nit so stolz, tanz mit auf diesem Stern!"

Seine Verse - meilenfern aus dem Zeitalter der Jugendstilpoeten und Expressionisten gefallen, verquickten den schlichten Ton des Knaben Wunderhorn mit pantheistisch seelenwarmem Überschwang früherer Jahrhunderte. Doch das Maschinenzeitalter ließ sich nicht ganz draußenhalten. Mit antiquarischen Worten focht und dichtete der Wortschöpfer gegen die trübe mechanische Täuschung, gegen scheußliche Chausseen, erzhöllische Schindustrie, Luxusfexe, Elektrogasogeist, Zementgeschmier, in summa: gegen den Mordsmoloch MECHAN, den er „Traummurkserin" schalt.

„Hah – Stuss und Kohl, Maschienerei! – Raus, Freunde, / raus aus Schwindelbrei – zum Wachstumsgrund: / TREUFREIH!" „Birst den lumpigen Asphalt!"

Eisensaurier assoziierte er warmherzig mit Eiszeit. Dem „Ungeheuer Staat" und dessen „Kriechokratie" setzte er den vollblühlebendigen, herzgottvollen Weltwunderbau ORGAN entgegen. Dem „Tristentum" damaliger „lahmgezähmter Welt" setzte der „Herzmann" und „Herzensdenker" sein „Herztum" entgegen, sein Herzbehaupten und Herzwerk. Sein Sanctus spiritus hieß Herzgeist oder auch Herzgott. Über die Lebensreformer, die die Kultur innerhalb der Kultur reformieren wollten, ging Gusto weit hinaus, indem er der „Hohlherrlichkeit" der „Bluffkultur", an deren Rändern er zu ihr zurückguckte, hinter sich zu lassen versuchte.

Nicht selten ließ er ein Herzdonnerwetter los. Aus Dreieinigkeit macht er Dreiwohligkeit. Gute alte barocke Frohbotschaften wie die des Angelus Silesius „Mensch, werde wesentlich!" oder „Blüh auf, gefrorner Christ!" lauteten beim Jahrgangsgenossen der Theresia von Lisieux recht wiedererkennbar und kaum umgepolt: „TAO-wind in die hirnfrostig verfrohrene Welt!"

Der Lenzluft kommenwollender Blüte- und Gartenzeit lebte er entgegen, einer Art urmütterlich überwölbendem Urheimathimmel auf Erden. Sein nebulös klangreiches Utopicum hieß Ringruhreich oder Erdsternmai. Seine Coinzidentia oppositorum deutschte er mystisch ein mit „Eintrachtslust der Ineinanderwelt". Sein grüngoldnes Gegenmittel hieß: „Wald – und das Wohl der Welt".

Ab 1908 lebte Gräser mit Elisabeth Doerr in wilder Ehe. Fünf mitgebrachte und drei selbstgezeugte Kinder - Trudchen, Heide, Lottchen - wurden weder geimpft noch eingeschult. Vater Gräser schimpfte auf Bazillenangst. Mit Weib, Kind und Tier zog er im selbstgezimmerten zeisiggrünen Wohnwagen durch Deutschland, wohnte in Gartenhäusern, unter reingeritztem „OZ" (Ohne Zwang), schlief meist auf aufgeschüttetem Strohlager mit grober Wolldecke. „Wägender Krämerwelt" abhold („Um Krims und Kram kreuchheucheln die Vereisten"), schrieb Gräser zeitweise Bittbriefe. Sein Ruf als harmloser Bürgerschreck drang sogar ans Ohr von Hochkulturgrößen: Hermann Hesse sammelte öffentlich für ihn. 1912 protestierten gegen seine Abschiebung aus Sachsen Richard Dehmel, Gerhart Hauptmann, Ferdinand Avenarius, Max Klinger, Friedrich Naumann, Johannes Schlaf, Hans Thoma u.a.

1913 nahm er teil am freideutsch jugendbewegten Großspektakel auf dem Hohen Meißner bei Kassel, einem vernieselten Massentreffen nicht ohne Pfadfinder-Flair, wo Zehntausende in Blechbüchsen ihren Tee kochten und sich um etliche illustre Wanders- und Wundermänner scharten, von deren Zusammenprall Theodor Lessing Teilausschnitte überlieferte, ein Meilenstein früher Gegenkultur, wie später dann nur noch das - ebenfalls verregnete - Woodstock-Festival. Das Heer der Pädagogen und Mitläufer verlief sich; fast stieg im Rückblick der Hohe Meißner geomantisch bis magisch in die spirituelle Bergkette auf, die von Meru, Kailash, Sinai, Tabor, Blocksberg, St. Victoire, Monte Verità, Mount Chasta und x weiteren Gipfelriesen und Maulwurfshügeln der Wahrheit reicht.

Gräser wanderte seines Wegs fürbaß, zum Gaudium von Straßenkindern, von Liederhalle zu Bobserwald und Waldandacht.

1915 gehörte er, wie Kriegsgegner Hermann Hesse oder Vorbeuge-Deserteur Hans Henny Jahnn, zu den äußerst abzählbaren Kriegsgegnern. Er erklärte: „Ich weigere mich zu töten." Die Ankündigung, deswegen hingerichtet zu werden, nahm er gelassen hin, da ließ man ihn kopfschüttelnd laufen. Das allgemeine „Schlagt sie tot!" lautete bei ihm: „Schlagt euch lebendig!" Sein abschließender Kommentar: „War euer Krieg ein Kriechen, ist euer Sieg ein Siechen."

Wiederholt verwies ihn Obrigkeit, die er „Zugrunde-Richter" nannte, des Landes: raus aus Sachsen – raus aus Baden – raus aus Württemberg. Gründe: wiederholte Gewerbevergehen (Verkauf seiner Bilder und Schriften ohne Gewerbeschein), Verkehrsstörungen, Ungehorsam gegen Schupomannschaften, und nicht zuletzt struppigen Aussehens wegen, oder weil er sein dreijähriges Kind nackt laufen ließ. Wenn er einen gültigen Paß bei sich trug, und genügend Kleingeld, drehte man ihm polizeilich einen Strick daraus, daß er geschenkt und Gegengeschenke angenommen hatte. Als man ihn aus Leipzig auswies, wegen Verbreitung unzüchtiger Bilder, behängte ein Sympathisantentroß jugendbewegt seinen Reisewagen mit Busenhaltern, Korsetten, Modellpuppen und geleitete ihn unter Geklampfe und Gelächter zur Stadtgrenze.

Wieder einmal eingebuchtet, tanzte er in der Zelle hin und her, von einem Ende zum andern, sprang vor überbordendem Glück singend die trostlosen Wände hoch. Die Wärter stießen sich gegenseitig vom Guckloch fort, staunten über einen solch undeprimierbaren Gastsassen, zogen schließlich den Schluß, wer so begeistert singe und tanze, müsse ein guter Mensch sein, getreu dem russischen Sprichwort „Böse Menschen haben keine Lieder", und ließen den baumlangen Kerl laufen.

Damalige barfüßige Erlöser, als „Kohlrabi-Apostel" verlacht, wandelten entweder fromm als Jesusfreak einher, wie Gustaf Nagel, oder als Tanzrauschauslöser Friedrich Muck-Lamberty, oder als anmaßlicher Machtprotz-Messias à la Louis Haeusser, den Gräser überall als Charlatan anprangerte, alle samt und sonders Fließband-Erlöser, gnädiger gesagt: Archetypen, die einander auch mal quer kamen: Gustav Gräser wurde öfters für Gustaf Nagel gehalten, auf dessen Büßerhemd Gräser verächtlich herab sah. Gräser nannte den allzu verfrömmelten Infantilius „den vernagelten Nagel". Gusto als Einziger erneuerte eine fernöstlich anmutende Variante: Sinnenfrohsinn statt Askese; statt Dornenkrone – Lächelfältchen, und statt Dada – TAO! Statt Zuvielisation – Menschbildung; statt Patriotismus – Heimatleben; statt Hochherrlichkeit, dem Trottelidol der Jahrtausende – Gärtnergeist, Heilstern der Welt. Statt Schrauben anzubeten und Rohrverlegung – Baumverehrung. Also kein Unmensch ohne Zweck und Ruh, sondern, statt Christ oder Antichrist – Mensch.

„Wir müssen das Antlitz des Menschen wiederherstellen!"

Befragt, was er von seinen Zeitgenossen halte, rief er: „Die Angst hat sie gefressen." Also handelte es sich doch wohl um eine Humanismus-Nachwehe, voll mit Altertümlizismen wie wunniglich, frischfromm, Inbrunstbrand, Thorheiterkeit, und frohwackeren Wortprägungen wie sonndonnerfroh, Frohblühereien, Reinreich, Urodem (= Ur-Odem), Totschleichplagen, Wurmgewöhn. Da schwebte, röhrte, webte, wurmte und wallte gotisch-barock-lutherförmig Urfausthaftes durch die Zeilen dieses Dichters Volkstumheit, ein Schuß Dauersturm und Ständigdrang. Faust I. sagte zum Erdgeist: „Du hast mir nicht umsonst dein Angesicht im Feuer zugewendet." Gusto sagte zur Mutter Grün: „Du hast nicht umsonst gewunken, / Nun wird Erdenlust getrunken / und in Sonnenschein gepraßt."

Goethes chemische Wahlverwandtschaften verbesserten sich bei Waldbold Gräser zu grüngoldner Waldverwandtschaft.

Das Waldsterben der Jahre 1970 u.f. sah er bereits voraus: „Wo Dein Wald stirbt, Menschenkind, / stirbt auch dein Gemüte, / welket deine Blüte, wird dein Lieben blind! / Wogt dein Wald in heilger Ruh, / wiegt dein Wohl er, glaub es! / Mit des Wälderlaubes Sprossen / sprießt auch Du!"

Aus seiner Druckschrift „Winke zum Grund", 1918, stammt das Gedicht: „Wo Menschling hintritt, o Grauen, mit eiserner Vergewalt, / da wird es öd in den Auen, und kalt! / Da muss die Heimat verderben, muss Lust und Liebe ersterben, / denn nieder tritt er den Wald - - - / Erst wo wir hinter dem Grauen, zum grünen Walde gesellt, / die Gärten, die Hütten bauen, Bildung und Wildung trauen - / erst da blüht wildadelig Leben, / da erst tritt der Mensch in die Welt!" Kurzum: „Qual würgt die Welt, wo Wald verfällt, / Waldauf! / und – unser – Heilborn – quellt!"

Gräser traktierte seine Holperdipolterverse, formte und flocht, von hinten her als Versifex und Knüttelknorz, und zugleich von vorn her als Stabreimer. Reimzwangklanggebimmel „so zwingt ihn kein Zweck, über allen Zwiespalt hinweg" berührte sich altgermanisch mit Richard Wagners Nibelungendichterei, daß ein zankender Zwerg ihn gezwickt habe. Aus verzaubern und zaudern bildete er „verzaudern", aus Dummkopf ein versöhnliches „Dummelköpple". Rücksichtslos geheimnisvoll stachen aus Gräsers Verdichtungsgedichten Suabismen hervor, Dunder und Jabrer, Worte wie Kratepäpple oder Dieblumpat (für Diplomat), einerlei ob sich das mit Brüder Grimms Hilfe entziffern ließ. Hochsprache verschmolz nahtlos mit Mundart. So riß er Standesschranken nieder – falls das jemand merkte. Dichterisch philosophierte er über jene verstiegnen Herrn, die's Herrseinwollen mit Knechtseinmüssen büßen müssen. Denn die Leute und Menschen, zwischen denen auch dieser Diogenes unterschied, standen vor Gustos urkräftigem Behagen wie der Ochse vor – nein, nicht vor esoterischem Harfenspiel, sondern vorm rätselreichen Gemuh noch urigeren Urgesteins.

Seine „Winke zur Genesung des Lebens“,statt für Ewigkeit und Schublade, schrieb er in den Wind, getreu Laotses Spruch, der beste Wanderer hinterlasse keine Wagenspur. 1918 dichtete er, Strophe für Strophe, Laotses Taoteking nach. Endlich wurde der hadernde Über- und Unmensch Faust weise; der wotanhaft, kern-, trutz- und altteutsch zornglühende Berserker lächelte altchinesisch und verwandelte Faustisch-Wildes in Taoistisch-Mildwildes. Ein chinesisch-deutscher Kentauer ohnegleichen entstand, wie Millionen Rübezahl-Teutonen und spitzhütige Gelbhäute sich solcherlei nie erträumten. Laotses bzw. Richard Wilhelms Flöte bzw. Viktor von Strauß‘ Blasebalg mutierte zum Dudelsack. Wenn Laotse Weisheit hintupfte wie „Tao erzeugt Eins, / Eins erzeugt Zwei, / Zwei erzeugt Drei, / Drei erzeugt alle Wesen“, amplifizierte TAO-Gusto zu gewaltigem Satzverhau: „Heute aus TAO dem Einen zweiget die Welt: / A und O – Mann und Weib – ihrer Ehe enttauchen alle Geschöpfe, / dem Ureinen entsprungen springen Alle allher. / Allso dreht sich und dreit sich im Hochzeitstanz die ursprüngliche Welt, / quillet lebendig und spriesset das ewig Dritte, das Kind aus dem Bunde, / hüpfet voll ahnenden Hoffens hinein in das offene All – / aus TAO hüpft es aus heilger Gelassenheit.“

TAO-Gusto steckte in seinen Laotse mehr hinein, als hineinpaßte. Im Gegenzug holte er mehr aus dem Holzstrunk Laotse heraus und hervor, als im archaisch

Die "Messias=Seuche"
Einer der "Propheten" auf einem Propaganda-Spaziergang in Berlin

Gusto Gräser mitten im Stadtbild der Golden Twenties – tendenziöse Berichterstattung in einer Zeitung 1928; das konforme, uniformierte Zwergengeschlecht drumrum fand man stets akzeptabler.

lapidarem Spruchwerk damals vor Ort drinsteckte, nämlich eine rauschhaft verschraubt quellende Wortschwallhymne aus Wald- und Seelenweben, Bächleingeriesel, Lichtfleckgeflirr, Baum- und Strauchgejauchz. Beim Literaturquiz aus x Durchschnittsliteraten, die alle ihre Nische fanden, hätte Gräser stilistisch eindeutig hervorgeragt, mit eigenem Ton und Wortschatz. Literaturgeschichtsschreibung aber verlief anderswo. Germanistik, so sie Gräser überhaupt beiläufig wahrnahm, hätt in Gräsers Wortverwendung, Begeisterungsflammenflut und „O Mensch!"-Gebärdik die Kunstsprache von Herwarth Waldens Zeitschrift „Der Sturm" heraushören und herleiten wollen. „Kahlgescheidte" mochten dergleichen für hirnrissig halten; Weltweise erblickten da eher Weltweisheit.

1919 nahm Gräser am Vagabundenkonkreß in Stuttgart teil. Er selber nannte sich – im anrollenden Zeitalter der Pressereferenten - Gesprächführer oder auch Volkwart.

Gusto Gräser in den 1930er Jahren als Vater und Pflegevater einer vielköpfigen Familie.

1921 saß er im Internierungslager für politische Gefangene in Kottbus-Sielow,einer Vorstufe für die späteren KZs (parallel zu Sufis in Persien um 900 n.Chr., die ständig ausgewiesen bzw. eingesperrt wurden). Einsitzende, die nichts Schlimmes gemacht hatten, kamen oft frei und Ausgewiesene gern zurück. Mit Wortfeuerzeug betrieb er „Notwendwerk“ und ließ im Urquell=Verlag 1922 „Notwendworte“ drucken: „Für Volk – nichts für eingebildeten Pöbel“.

1926 protestierten gegen seine Ausweisung aus dem Reich Thomas Mann,Hermann Bahr, Rudolf von Delius, Norbert Stern, Josef Ponten, Michael Georg Conrad u.a.

Gusto Gräser, 1939

Als Unsympath Louis Haeusser ihm jenes Haus und Grundstück, das Gusto vom frühverstorbenen Bruder Karl geerbt hatte, aus den Händen trixte, zeigte sich, daß Gusto nicht nur von Besitzlosigkeit redete, tatsächlich bei Besitzverlust nach außenhin sich weder ärgerte, wehrte oder rächte, sondern einfach nur stillschweigend eine andere Bleibe suchte. Auf nostalgischen Comeback-Veranstaltungen übriggebliebener Initial-Gurus, dem ehemaligen „Trostbund der Aufrechten“, eingedenk der inzwischen versunkenen Golden Ära lebensreformerischer Gründungsjahre und Wildwuchses, blieb Gräser im zusammengetrommelten Gestalten- und Wortführergetümmel, die sich selbst inszenierten, der schweigende Weise. Höhepunkten seines öffentlichen Treibens und Wirkens folgten Abstürze. Viele sahen im metareligiösen Wanderer dann doch nur wieder den quasireligiösen Erneuerer und Künder, glaubten den Clochard in Wirtshäusern nicht bedienen zu brauchen, warfen ihn raus.

Um 1940 erwarb er das Hausboot „Wilhelm“ auf der Havel, wohnte dann am Langen See bei Berlin. Türklingeln benutzte er grundsätzlich nie;

pochte lieber altertümlich an die Tür.

Als er 1942 seine Nachfahren in Berlin besuchte und seine achtjährige erkrankte Enkelin Angela Gräser ihm die Tür öffnete, sagte er verwundert: „Wie kann man nur krank sein?" Versponnen in seine umfassenden Ideen-Gespinstem redete er nur von diesen, auch dann, wenn er am Bett von Tochter Trudl saß, versäumte er, sich nach ihrem Befinden zu erkundigen, stellte nie Fragen, schüttete sie stundenlang mit Philosophemen zu, ohne Rücksicht auf ihre Grippe.

Über sich, obwohl er viel zu erzählen gehabt hätte, redete er schriftlich fast nie, keine Silbe über Privates oder gar Sexuelles. Aufgefordert, sein Leben niederzuschreiben, antwortete er: „An meinem Leben ist nichts wichtig. Der alte Icke, das Ichmichlein, ist schon lange gestorben...fast".

Ein Dichter ohne das in sonstiger Poesie unabdingbare lyrische Subjekt – hier kam dem scheinbaren Dichter die Platitüde, daß Mystiker ihr Ich zu

Der abgemagerte Gusto Gräser 1945 vor der Frauenkirche im zerbombten München.

überwinden hätten, arg in die Quere. Mit „Herzfreund Springindwelt", „Weltwiedehopf", „Weltwalter" oder „Alldurchquicker" meinte er sicher sich selbst. Auf Ascona angesprochen, schien der Greis sich nur mit Müh' an dies Wort seiner Jugend erinnern zu können.

1951 – Gusto Gräser im höchsten Alter, notdürftig einquartiert in einer Dachmansarde in München, als bewundertes oder belächeltes Kuriosum in einer Zeitung.

Den Zweiten Weltkrieg überlebte Gusto Gräser mit Schreibverbot in München, als verarmtes Fossilium seiner selbst. Angepeilte Adressaten sprach er in seinen lyrischen Niederschriften an mit „du Nazibazi-Nobelfritzi-Hochfeinfratzi-Machi-Nation!"

Im eisigen Bombenwinter 1944, eingemummelt in der Trambahn der Linie 2 (Theresienstraße), pfiff und sang er „seelig" vor sich hin, fideldudeldei, ohne sich drum zu scheren, ob die von ihm sogenannte „Deibelsipp" da glotzte, ihn anstaunte oder eventuell spottete. Im Tragnetz schleppte er sich weiterhin an der unverzichtbaren Entbehrlichkeit der Dinge ab; mit späterem Ausdruck „unterhalb des Existenzminimums". In unbeheizbaren Dachkammern in Schwabing und Freimann, bei Freunden, Künstlern, Professoren, hauste er in grobem Überlebens-Notstandin hängemattenartiger Bettstatt, selbstgebaut, löffelte Pumpernickelsuppe unter defekter Dachluke, unter der er Kübel für Regenwasser aufstellte und die zu reparieren er sich hütete; dann hätte er nicht mehr so leicht die Sterne sehn können. Seine Bleistifte staken in den Löchern eines zerbrochenen Hohlziegels, und seine Stopfnadeln im Gefilz eines Vogelnestes. Als er in einem Apfel einen

Wurm vorfand, liefen ihm Tränen über die Wangen. Seine Kinder zogen sich vom wunderlichen Alten zurück; Hausherren wollten ihn per Gerichtsbeschluß hinausklagen. Vormittags ging er in die Stadtbibliothek, schrieb im geheizten Lesesaal Verse, als über Siebzigjähriger seine besten Gedichte, und zeichnete sie farbig aus. Er sah auch mal Bücher etymologischen Inhalts ein. Absunderliche Flaschenpost auf Handzetteln streute er aus, zum Teil vom Rathausturm auf den Marienplatz hinunter. Gelegentlich entdeckte ihn Spaziergänger in den Isar-Auen auf seinem Lieblingsbaum. Andere sichteten den Waldbold in Bahnhofsnähe und auf Rolltreppen. Mittags ging er in die Volksküche in der Arcisstraße, aß dort für 30 Pfennige. Nachmittags saß und las er oft im Café Klein-Bukarest. Dann saß in der PVC-Atmosphäre der 1950ger Jahre einleibhaftiges Zitat aus früheren Jahrhunderten und forderte mit ungebrochener Baßstimme die Gastwirtin auf, das Radio leiser zu drehn. Er bekam dort auch noch alles zum alten Preis, beim Wirt, einem Landsmann von ihm.

Zwei schwäbische Studenten, von denen der eine Hermann Müller hieß, hielten ihn zuerst für einen Irren, ehe die Bedienung sie belehrte, der sei in Wirklichkeit ein Professor, und steinreich. Gräser gab ihnen ein Epistel-Opus mit, einen Sendbrief an die Schwaben, den „Brief AHA!“, später umgetauft ins „Brieflein Wunderbar“, worin er aufforderte zur „Heimkehr in die Wirklichkeit!“

1956 verfaßte er: „Fünklein, flieg!“ Greis Gräser, der auf den Schluß zu sich den Fuß brach, starb einsam in seiner Mansarde. Erst Tage später fand man ihn. Er wurde beigesetzt in einem Armengrab auf dem Nordfriedhof. Der Pfarrer zitierte in der Grabrede das Bibelwort: „Denn alles Fleisch, es ist wie Gras.“

Im überregionalem Rückblick erschien Arthur Gusto Gräser als „Gandhi aus Siebenbürgen“, als Großvater der Grünen, als Urvater der Alternativbewegung. Doch seine Gedichte, zu Lebzeiten kaum gedruckt, blieben auch später weitgehend ungedruckt. Bartfreie, holzverarbeitende Nachfahren, in denen Gräsers markante Physiognomie bis ins dritte Glied durchschlug; interessierten sich nur teilweise für ihren seltsamen Vorfahr.Einzig der Privatgelehrte Hermann Müller aber mauserte sich zum Trommler und Künder Gräsers, zum Gräserexperten, wenn nicht gar zur vollbürtigen Reinkarnation Gräsers. Wacker hielt er das Gustofähnlein hoch, durch fünfzig Jahre bis ins 22. Jahrhundert, gründete das unverdrossen treusorgende Monte Verità-Archiv in Freudenstein im Schwabenländle. Anderer schriftlicher Nachlaß ruht in den Sammlungen der Monacensia und in der Stadtbibliothek München.

Ab 1967 liefen dann Diefenbach, Gräser, Nagel hunderttausendfach vervielfältigt und variiert herum, als Hippies, Aussteiger, Landkommunarden, ohne zu ahnen, daß ihre indianischen Stirnbänder und Ideale kurz vorher von relativ unbekannten Gestalten und Vorläufern wacker getragen wurden. Selbst Hafiz, auf Anselm Feuerbachs Hafiz-Gemälde, trug bereits dieses Stirnband. Früh-Hippie Gusto Gräser, sympathischer, konzilianter, hippiehafter als Meister Diefenbach, stand zugleich ziemlich weit hinten in einer Ahnenkette durch die Jahrhunderte: Leo Graf Tolstoi, Gustav Graf von Schlabrendorf, der Diogenes von Paris, Goethes Gottesspürhund Christoph Kaufmann, Lord Rokaby, Johann Christian Edelmann, Quirinus Kuhlmann, allesamt Weltverbesserer, Schwarmgeister, Chiliasten, Minderbrüder, die alle bestens zurückdatierten auf Eremiten, Bettelmönche, Anachoreten, Waldbrüder in Asien, Sadhus, Sufis, Qalandare und in vorchristlichen Zeiten auf Kyniker, Gymnosophisten, Brahmanen.

Laotse befreite sich erst nach lebenslanger Beamtenlaufbahn, als Pensionär, aus seinen beruflichen Banden. Henry David Thoreau lebte bloß zwei Jahre in den Wäldern, statt zwanzig oder mehr. Rousseau folgte seinem eigenen „Zurück zur Natur“ nur sehr in Maßen.

Gusto Gräser lebte viel rousseauhafter und taogemäßer lebte als Rousseau und Laotse.

Worte von Gusto Gräser:

Traurig ragen unsre Schlote / in den Frühlingstag hinein. / Nimmer kehrt der heilge Bote / heilger Wildnis bei uns ein – Volk, feiggepäppelt mit Papier, / wird Fraß dem Bürokrötentier. Presse heißt seine Fresse hier. – Geh nur, Memme, zu den Memmen! / Selig, wenn sie ihre Bemmen / zwischen ihre Lippen klemmen / und ihr feines Tröpfchen schlemmen.

Darum ist nichts so brennend nötig, als den Feigling, diesen eigentlichen Feind unseres Lebens, gegen den jeder andere nur Scheinfeind ist, in jeder Gestalt zu erkennen und damit zu verbrennen. – Wahrheit? Das ist Sonnenschein, / dazu braucht es kein Latein!

Ich höre gerne von diesen Aufrührern und Empörern, die ein wenig Fluss in die träge Masse bringen.

Laßt die Schachteln voll Geschichten / Den verpappten Bücherwichten.

Kennst du den Freund? Du selber bist er! Kennst du den Feind? Er heißt Philister! Wo du dich duckst – da ist er!

Freilich, der Freund, der freimütig-innige Mann, nicht mehr bange zu machen, weder von Herrn Wichtig noch auch von Herrn Nichtig, weder nach rechts noch nach links scheuend, gelassen das Seine tuhend, scheint bald Sonderling unter den Leuten - scheint den Anstelligen, nach allen Seiten um ihre Stellung bangenden Standespersonen bald Fremdling, ja sogar – Feind! Feind, wie die frische Luft dem verhockten Zimperling, Feind, wie die Frühlingssonne dem Schneemann am Gartenzaun.

Ihr schaut nicht mehr das heilge Licht der Sternen – / vor euren Augen flackern die Laternen. / Ihr hört nicht mehr die Harmonie der Welt – / in euren Ohren euch Geldkirr gellt. / In Kram verstrickt, du grausiges Verhängnis, / verkümmert ihr in dem Kulturgefängnis. / Und euren Krämeraugen, Krämerohren / ist alle Heiterkeit der Welt verloren.

Kann das Atomgebombe Welt /vernichten, so kann /Geistodem, der ins Tiefste trifft,/ die tiefvergiftete wohl heilen, / lichten mitG e g e n g i f t ! – wo wir nur ganz vom Weltengeist durchdrungen / eingehn, aufgehn in seinem Wunderkranz, / wie Mück und Fink / von Stillbegeisterung tief eingeschlungen / freiringeruhn im grohsen / ALLGERING – Traumlicht lacht aus dem Dunkeln: / Paaren, allpaaren will Urlebensgeist!

Der BAUM des Lebens keimt und kommt ja doch nur von selber. Er gründet ein und grünet auf, wenn die Eisblöcke der Verstandes- und Gegenstandswirtschaft Ihm nicht mehr beklemmend im Wege stehn.

Drum Tauwind ins Winterland!

Mit Lachen und mit Brummen / will Erdsternfrühling kummen.

Lach mit, / blüh mit, mit Tier und Baum und Strauch / und auch mit dem, den wie es heisst imgrund / doch Jeder hat – mit deinem Vogel auch!

Heiho, Baumgeist, fideles Haus - / bau's Notnest, bau's! / In knorrgen Kronen, in der Armut Schoos, wie arm so warm, / so wunderwunnegrohs, drein Unsres Heiteren Glückvöglein horsten, / umwogt, umwallt von Gründgoldseligkeit

Gusto Gräser über sich selbst:

Ich lausche nur so ein wenig in die Dinge hinein.

Ich grabe nach Worten, nach Wortwurzeln.

Nennt mich Narr nur oder Tor, / ihr gemachten Macher – / nur wer spielt, macht uns nichts vor!

Bin freilich verrückt, sogar weit von der ins Elend rasenden Zeit, zumal mir völlig klar ist, daß diese Erde von Verrückten wimmelt, die sich nur in der Farbe unterscheiden, sodaß - sagen wir – der Durchschnitt schwarz, rot, braune Vögel, und gerade ich einen grünen Vogel hab. Aber nun kommt die Summe, Herr Prevot. Über ein halbes Jahrhundert trage ich meinen Grünspecht im Kopf und schaue hinein in den rot, braun, schwarzen Wahnsinn und erlebe 50 Jahre, wie das, was man die Menschen heißt, immmer toller, verrückter wirdund immer schwärzer und schwärzer wird, wie sie immer schneller zu ihren „Suppenschüsseln“ rasen, sich die Brocken vom Munde zu reißen, wie sich der Krampf ihrer Verrücktheit immer höher und höher steigert, sodaß ihnen ein paar Weltkriege schon nicht mehr genügen, ihre Verrücktheit auszutoben, während mein Grünspecht immer noch fidel über Wahnsinnswüsten in seine Wälder fliegt und damit mir selbst und meiner kilometerfressenden Umwelt den Beweis liefert, daß mein Vogel der gesündere ist. Aber wo hat je ein Narr gelebt, der sich selbst als Narr erkannt – und wo ein Weiser, der nicht zum Gespött der Närrischen ward?

Ich hab nichts mehr zu kritzeln und Tinte zu verspritzeln und Leben zu versitzeln.

Andere über Gusto Gräser:

Gusti ist zu der Erkenntnis gekommen, dass nur die rein natürliche Lebensweise, also Pflanzen und Obst, alles aus der Natur genommen, ungefälscht, für das menschliche Gedeihen notwendig und gut sei. (Tagebuch von Mutter Gräser, 1898)

Davon ausgehend, daß Schöpfung und Menschheit seiner Entwicklung dienen, daß Geldbesitz schlecht sei, verschanzt sich hier Bettelei und Arbeitsscheu hinter angeblicher Bedürfnislosigkeit. Selbst zu träge, um ein angeborenes Künstlertalent weiterzubilden oder auf andere Art seinen Unterhalt zu bestreiten, hält Gustav Gräser, um satt zu werden, skrupellos in den Gärten der Bauern Einkehr und meint, die Menschheit für milde Gaben, Speisung und Wohnung durch seine volltönende Stimme und ein allgemeines Phrasentum über Liebe und Brüderlichkeit voll zu entschädigen. Es gelingt ihm oft, kleine Geister durch sein Auftreten zu verblüffen. Mit Sophismus, aus krankhaften Wahnideen erzeugt, begegnet er den Scharfblickenden, und mit mitleidigem Lächeln läßt er sich buchstäblich vor die Tür setzen. Wie unser Schatten war dieser Mann seit München unseren Spuren gefolgt; er wirkte durch seine fortdauernde Aufdringlichkeit und einen gewissen lehrhaften Ton, den er selbst Greisen gegegenüber für angebracht findet, höchst unangenehm auf seine Umgebung. (Ida Hofmann, 1906)

Er ist Dichter geworden, aber seine Gedichte sind nur Reimereien. Bei manchen war er vielleicht begeistert, aber mich kann er nicht begeistern, nichts erregen in mir. Er ist ein riesengroßer, starker Mann in Hirtenkleidung. Er ist auf der Suche nach einem Weibe, dann will er sich ein Heim gründen. Er ist ein reiner Mensch, das achte ich an ihm. Friedrich hat ihm geraten, etwas ordentliches zu arbeiten, zu studieren, bei seiner Jugend und Kraft, das findet aber nicht seinen Beifall. Er ist auf der Suche nach dem Glück, er glaubt, es ist irgendwo und wartet schon auf ihn, er braucht es nur zu finden. Aber das Finden ist eben das Schwierige. In München benimmt er sich sehr vorlaut, besucht Vorträge von berühmten Rednern, besteigt nach ihnen das Podium und bringt seine Weisheiten vor. Dabei spricht er stockend. (Magda von Spaun, geb. Bachmann, 1906)

Und dann erging er sich in abfälligen Äußerungen über die Masse der Leute, der der eigentliche Einzelmensch gegenüber stehe, wobei er keinen Zweifel darüber ließ, daß er unter Persönlichkeiten nur solche verstanden wissen wollte, die, wie er, schon durch ihr Äußeres ihre Sonderstellung in der Welt betonen zu müssen glauben. Manche gute und zutreffende Bemerkungen, auch humoristische, die mit Beifall aufgenommen wurden, wechselten mit einem Wust krausen und überspannten Zeuges, das an seinem Geisteszustand zweifeln ließ. (Fritz Gött, 1908)

In der Via Romagna wurde gestern nachmittag der bekannte Propagandist der Nacktkultur Gustav Gräser verhaftet. Er trug eine allerdings im höchsten Grade auffällige „Bekleidung“, die einen großen Teil des Körpers unbedeckt ließ. Obwohl wir für eine zweckmäßige Körperkultur und Natürlichkeit sehr eingenommen sind, eine derartige Herausforderung der Sitte empfinden wir als sinnlos und unmoralisch. (Tessiner Zeitung, Locarno 24.7.1909)

In verstandesmäßiger Rede drückte er sich nicht besonders glücklich aus; förmlich gebannt, gebannt von der unmittelbaren Offenbarung einer durchaus eigenartigen Wesenseinheit, lauschte ich ihm aber, sobald er in seiner eigentlichen Äußerungsweise, die emotionale, überging und gar in Versen zu sprechen begann! (Johannes Schlaf, 1911)

Er ist kein Prediger in der Wüste, er drängt sich niemandem auf. Er ist ein Mensch, mit dem man scherzen und lachen kann. Er will keine Jünger werben, sondern mutig seinen Weg gehen und seine Hoffnung ist, daß andere vielleicht „bei den Rhythmen seiner Schritte aufhorchen werden und dann ihren Weg leichter finden." Er will kein System aufstellen, er läßt die Worte und Gedanken frei seinem Innern entströmen, so wie sie dort entstehen. In ihm ist der Protest unserer Zeit gegen die Mechanisierung und Schematisierung des Lebens verkörpert. (Otto F. Jickeli, 1912)

Thomas Heine, der „Simplizissmus"-Zeichner, pumpte ihm nur unter der Bedingung etwas, daß er mit ihm mittrinke. Der arme Gustav wurde zum erstenmal in seinem Leben besoffen, und was noch grausamer ist, man zwang ihn, im betrunkenen Zustand seine antialkoholischen Gedichte an betrunkene Bürger zu verkaufen. Von da an gings mit Gusto Gräser abwärts. Während des Krieges hat man ihn in Budapest als spionageverdächtig verhaftet. Da man ihm nichts anhaben konnte, schnitt man ihm aus Rache die Haare ab und zwang ihn, seine griechische Toga mit einem anständigen Kleid zu vertauschen. Er sah in der neuen Adjustierung wie ein grämlicher Bürger aus. (Emil Szittya, 1924)

Dieser Mann ist reinen Herzens und liebt Deutschland. Er meint es gut und freundlich mit uns, und freundlich sollte man ihm begegnen. (Thomas Mann, 1926)

Er war ein hübscher, hochgewachsener Bursche von 22 Jahren, der erwartete, daß gutgläubige und fleißige Menschen sein grenzenloses Faulenzertum finanzierten. Er genierte sich noch weniger als die anderen. Er war bloßbeinig und hatte eine lange härene Tunika malerisch um sich drapiert. (Robert Landmann, 1930)

Er begrüßte uns und begann gleich Vorlesungen zu halten über die Schädlichkeit des Leichengenusses. Er wollte gleich ein paar Tage dableiben, würde nicht in einem Zimmer schlafen, sondern im Garten. Es lag aber Schnee, wir redeten es ihm aus und erreichten, daß er sich am Gang ein Lager herrichtete. Sogleich wollte er die Leitung des Haushalts übernehmen: die Heizung müßte sofort abgestellt werden. Alle Lieferanten wollte er heimschicken. Auch müßten wir alles Überflüssige an Kleidung ablegen. Schuhe, Strümpfe, Kleider, sogar das Hemd. Am besten sei es für die Gesundheit, ganz nackt zu gehen, aber bisher sei es noch nicht gelungen, die Obrigkeit von dieser Notwendigkeit zu überzeugen. Über meine meteorologischen Beobachtungen lachte er bloß. Das sei vollständig überflüssig, es sei viel gesünder, unter einem Baum zu liegen und in die Äste hinaufzusehen, als lauter gleiche Zahlen zu schreiben, denn diese dienten künftigen Geschlechtern gar nichts, während er und seine Genossen ein neues Volk gebären wollten, das nur von Obst leben würde. Als ich ihm entgegenhielt, daß auch die Tiere einander fressen, meinte er, man müsse es ihnen abgewöhnen und wollte uns überreden, den Hunden und dem Kater bloß Gemüse zu geben.

Den ganzen Tag ging das Predigen. Er wollte mich absolut verhindern, zu den Vorlesungen nach Zürich zu fahren; er wisse mehr als alle Professoren der Welt, denn er lese in der Natur. (Erzherzog Leopold Wölfling, ein abgefallener Schüler Gusto Gräsers, daher eine zweispältige Quelle, 1931)

Mit seiner tiefen Stimme und seinen langen Haaren mutet er mich an wie ein guter Berggeist. Das Rauschen eines Quells oder der kühle Geruch eines Waldes scheint ihn zu umgeben. (Wolfgang Schuldes, 1956)

Vale, St. Transsylvane! Ich sehe dich auf der Wanderschaft über den Wolken, im Tragnetz eine Handvoll Sterne. (Hans Wühr, 1958)

Und ihm nur die Position der lächerlichen Person zuzuweisen, ohne welche die Gesellschaft freilich nicht auskommen kann, wäre lediglich eine verfeinerte Form der Ablehnung, mit der man sich die Einsicht in dieses Leben verbauen muß. Uns scheint zwar, als ob dieses sein reibungsreiches Leben einen großen Teil seiner schöpferischen Kräfte, seiner zweifellos vorhandenen künstlerischen Begabung verbraucht und vergraben habe. (Martin Müllerot, 1964) – und die rumänischen Weiber sanken vor ihm ins Knie, bekreuzigten sich und riefen wie mein Sohn, der Herr Jesus sei da. Mit einer Gebärde, halb Segnung, halb Abwehr, wallte er dann durch die Anbeterinnen hinweg. Für einen im Wüstengewand einherziehenden Propheten, mit langen Haaren und Rauschebart, der seine Habe in einem Netz mit sich trug, hatte die moderne Welt wenig übrig. Er aber schritt völlig unbefangen durch ihr Getobe; er verwarf sie ja; er diente der Natur, wie er sie auffaßte, und war frei. (Heinrich Zillich, 1964) – und schließlich Gustav, den jüngeren Bruder des Oberleutnants Gräser, einen ungewöhnlich hübschen Jungen, der den Kommunismus so auffaßte, daß er bei anderen mitessen durfte. Wenn er etwa bei einem Handwerker etwas bestellte und der saß gerade mit seiner Familie beim Mittagessen, setzte sich Gustav einfach dazu. Einmal sah er bei einem an Oedenkovens Bewegung interessierten Literaten in Zürich ein Sofa und erklärte, hier würde er heute nacht schlafen. Und tat es auch – sehr zum Entsetzen der gutbürgerlichen Zürcher Haushälterin. (Curt Riess, 1964)

Gräser war eine „Natur“, Eruption und Seismograph zugleich. Er hat am Anfang des 20. Jahrhunderts gespürt, wo es enden wird. (Alfred Daniel, 1977)

Unter den vielen Wanderpredigern zwischen 1900 und 1950, deren Namen bekannt sind und die uns zum Teil auf dem Monte Verità begegnet sind, scheint Gusto Gräser der konsequenteste, der ehrlichste, der schöpferischste zu sein. Ob er zwischen Ascona, München und Berlin in den einschlägigen Kreisen aus Bohemiens, Anarchisten und Sektierern auftaucht, in den Bann der Jugendbewegung gerät oder als alter Mann, ein Nachfahre Peter Hilles und Urhippie seine Gedichte aus dem Leinenbeutel zieht und sie den verlegen lächelnden Umstehenden vorliest: er bleibt außerhalb der Konvention, die aufzugeben es sich einmal entschlossen hatte. (Janos Frecot, 1979)

Gräser war vielleicht das europäische Gegenstück zu Gandhi. Aber seine Weltanschauung war eine wesentlich andere: erotisch und naturverehrend. (Martin Green, 1983)

Die Lehren dieses einsamen Predigers sind aufgehoben im Werk Hermann Hesses. Durch ihn erreichte Gräsers gelebte Botschaft des gewaltlosen individuellen Widerstandes und einer einfachen erdnahen Lebensform schließlich doch ein millionenfaches Publikum.(Ulrich Linse, 1986)

Buddha mag monoton sein, verglichen mit Laotse. Laotse ist monoton, wenn man ihn mit Gräser vergleicht. – Eine glühende Unterströmung mystisch-pietistischer Herzensfrommigkeit innerhalb der siebenbürgisch-sächsischen Tradition ist in Gusto Gräser sozusagen explodiert. – Wie kann einer, der dieses Jahrhundert der Grausamkeiten durchlebt hat, auf der untersten Stufe des Leidens durchlitten hat, der, von allem gemieden und verlassen, einem langsamen Hungertod entgegengeht, wie kann ein solcher von „Wunderwelt“ faseln, von „Siegen“ reden, von „Blütezeit“ schwärmen? Kompensiert ein ganz und gar Ohnmächtiger, Abseitiger, Ausgesonderter seine Hilflosigkeit in Allmachtsfantasien? oder spricht gerade sein unerschütterliches Durchhalten, sein fast unglaubliches Überleben, sein kraftstrotzendes Gesund- und Produktivbleiben dafür, daß hier einer an Energiequellen angeschlossen war, die uns anderen verborgen oder unzulänglich sind? Wenn dieser Mensch kein Verrückter war – und dafür fehlt uns jeglicher Beweis - , dann war er ein Wunder. (Hermann Müller, 1979/1999)

Willy Ackermann als Jüngling, um 1923

Staat, Beethoven und Maschinen sind nichts als reine Scheiße

Willy Sophus Ackermann, Schriftätzer, Schildermaler, Prolet, Bürgerschreck, Vagabund, Naturapostel, Webstuhl-Revoluzzer, Wendepunkt-Prophet, Waldbauer (1904-1985)

Der Sohn eines jähzornigen Setzers und Saufkopps verlor beim Betriebsunfall fünf Finger. Erst Hinterhaus-Laufbursche für Drecksarbeiten, rohrstockgeschädigt, Groschensammler zwischen Kohlensäcken, und Klinkenputzer, dann Lehrling beim Glasmaler. Sein dröhnender Arbeitsplatz gefiel ihm nicht. Ducker, Stutzer und Arschlecker verachtete er sehr. Als ihm einer eine reinsemmeln wollte, schubste er ihn in einen Pott mit Säure. Stark beeindruckt durch seinen Guru Louis Haeusser, sympathisierte er mit anarchistischer Arbeiterbewegung. Er malte auf Schilder: „Mittags geschlossen" oder „Hier werden Bubiköpfe geschnitten". Vor dem Hamburger Dom trat der Willy als ‚Arabas, der Viehmensch' auf, in rotem Russenkittel, wild frisiert. Etäste brüllend aus einer Futterkrippe, also praktisch als Fellinis Zampanó. Zeitzeugen berichteten, wenn man es von ihm verlange, würde der Willy einem mit dem nackten Arsch ins Gesicht springen.

Jahrelang ging er als Treppenhausübernachter um, mit der Devise: „Etwas durchdrücken und dabei lachen!" Großstadt sah er als Gefängnis. Er marschierte ganz gern freiwillig im Wald herum: „Menschenskind, das ist doch was ganz anderes als diese blöde Stadt!"

Von Tippelbrüdern unterschied ihn die Philosophie der Landstraße. Er plädierte vor Leuten für frischfröhlich singende Laien, zuungunsten untätig zuhörender Radiohörer. Für Selbstversorger und Kleinstbauern focht er vor allem auch deshalb, weil eine „brüderliche Volks=Gemeinschafft" von keiner Ausbeuterklaue ergriffen werden konnte.

1923 lernte er auf dem Jugendbewegungstreffen auf dem Hohen Meißner die Frieda Pohl kennen. 1925 tauchte er bei ihr daheim in Breslau auf, barfuß, ausgefranst und zerstrubbelt. Der entsetzte Brautvater holte einen Schupo. Das Paar entfloh, sie im Sonntagskleid aus weißer Seide. Man wanderte los, mit Fiedel und Holzwagen, mit Druckerpresse und Kameraden, 1929 zum Vagabundenkongress nach Stuttgart.

Dort traf er Gusto Gräser, und schon ging der Rüpel selber in einen Zivilisationskritiker und Apostel über. Im Willen zur Einfachheit schrieben sich Gusto und Willy den Gandhi auf die Fahne, als berühmtes Zugpferd. Er gab dann mit seinen Wendepunkt-Leuten die Flugschrift ‚Revolution mit Webstuhl und Spaten' raus. Spaten und Webstuhl sollten Fabrikschlot und Stempelamt ersetzen. Sie bauten sich auf'm Schrebergartengelände bei Hummelsbüttel aus Sperrmüll eine bunte Hütte. Die Firma ‚Reklame-Ackermann' brachte es sogar zum eigenen Telephon. In der Flugschrift ‚Menschen auf der Landstraße, erlebt, geschrieben u. gedruckt auf der Landstrasse', 14 Kleinseiten, verkündete der Gandhi-Willy seine Ideen. Das ging einige Jahre. Neue Barbaren, die es trieb, Technik und Hochkultur auszutreiben, ließen nicht lang auf sich warten und polterten genauso rum wie er.

Dann ließen sich der Willy und die Frieda im Walde bei Wolfsburg nieder, in Tiddische bei Gifhorn. Er erwarb 8 Morgen unwirtlichen Ackers, baute Haus und Möbel aus Schrott und ackerte Acker, pflanzte Korn, Brunnen und ein Holztor aus den Buchstaben TAT, alles natürlich selbergebaut.

Willy Ackermann (der hier links von Gusto Gräser sitzt): „Nicht zurück zur Natur', sondern, Vorwärts zur Kultur!' steht auf unserer Fahne!", auf dem Vagabundenkongress bei Stuttgart, Pfingsten 1929

Die Dörfler drumrum hegten Argwohn – ein bolschewistischer Agent? Sie redeten von ihm als Langobarden, wegen dem langen Bart. Von Braunhemden, die 1933 seinen Webstuhl zerstörten, wurd er halbtot geprügelt, Vorwand: Kommunistenverdacht, wohl wegen seines kragenlosen Russenkittels. Mangels Radio, Zeitungen und Briefverkehr bekamen die Eheleut politische Desaster wie die Teilung Deutschlands stets erst hinterher mit. Strenge Winter (1949) und Hitzewellen (1959) brachten sie fast um. Wenn seine Frieda klagte: „Ich kann nicht mehr", sagte er: „‚Kann-nicht-mehr' liegt auf dem Friedhof, ‚Mag-nicht-mehr' daneben." 20 km entfernt mutierte das VW-Werk Wolfsburg zu Landpest und Moloch; beim Willy wurden aus 5 Schafen 150, aus einem Bienenschwarm 70 Völker, plus 4 Kinder: Balduin, Hildegard, Heike und Harte, die es später aber alle in die Welt der VWs und ins Ausland zog und die sich selten meldeten.

Willy Ackermann, im höchsten Alter, als letzter Aufrechter, 1980er Jahre

Journalisten ließen ihn 1979 bei Petroleumlicht eine ganze Nacht schwadronieren, poltern und qualmen, machten einen STERN-Artikel draus ‚Vor 50 Jahren ausgestiegen'. Alternativlinge wie Hermann und Georg Dehn entdeckten ihn, aber einfaches Leben auf dem Lande – mit Kaninchen,

Hühnern, Katzen - war vielen viel zu karg und hart. Die Öko-Freaks, die zwischen Stadt- und Landflucht schwankten, nannte der polterige Kettenraucher Willy ‚Schlaraffenbrüder' und ‚Speckjäger'. Ehe die Landkommunenbeweging sich konsolidisierte, dünnte sie aus und verebbte, wie vorher Flowerpower, Romantik u. a. Aufbruchsbewegungen, stets einige wackere Fähnchenhalter wie Ackermanns abgerechnet.

Grünwurzelverleger Werner Pieper bot ihm ein Forum in seiner Alternativzeitsachrift KOMPOST. Dann starben die Alten im Walde, erst er, dann sie.

Es blieb in stillem Gedenken sehr zählbarer Seelen das Bild des knorrigen Alten vom Weißen Berg und seiner rundlichen Frieda. Vier Kisten Nachlaß erhielten sich, weil Frieda die Entsorgung verhinderte.

2006 tauchte im Internet ein Foto mit den Trümmern der eingestürzten Waldklause auf.

Worte von Willy Ackermann:

Es ist so, daß man ein Original sein muß – die meisten sterben als Kopie.

Wo hat der Baum seine Geldbörse, wo das Kaninchen?

Die ganze Klassik, na, wie heißen sie doch, diese Kerle, Beethoven und Bach – alles heute veraltet – bürgerliche Musik – nichts mehr für unsere Zeit – wir sind viel zu überkandidelt – unsere ganze Kultur ist Scheiße – ja wir haben eben doch den höchsten Berg erreicht – nun geht es abwärts – da krepieren die Menschen wie Fliegen – was wir brauchen, Kinder: neue Barbaren müssen kommen, Menschen, die sich alles selber machen, urwüchsige Kerle brauchen wir, keinen Staat, keine Kirchen, keine Beamten und keine Maschinen. Die Maschinen powern uns aus, an der Technik krepiert die Menschheit noch!

Volk ist nichts, was ohne weiteres vorhanden wäre. Es muß erst entstehen. Nichts hat es zu tun mit Pöbel, Masse und Organisation. Es blüht nur zwischen freien, bewußten Menschen, deren es heute noch blutwenige gibt.

Unsere Heimat ist die Zukunft.

Schande, daß nach zwanzig Jahren Jugendbewegung die Jugend noch immer ohne Eigenmacht ist und brotabhängig von der alten Welt, deren Bankrott sie längst erkannt hat.

Willy Ackermann über sich selbst:

Ich bin jeden Augenblick glücklich gewesen – und wenn ich am Kompost gearbeitet habe, da habe ich mich gefreut und mir gesagt, wenn ich die Regenwürmer gesehen habe: Ihr seid wenigstens meine tüchtigsten Mitarbeiter! Ich habe eine Freude mit euch! Ich habe manchesmal mit den Tieren und Pflanzen geredet, als wenn sie meinesgleichen, als wenn sie das verstehen. Darauf kommt es nämlich an, dass man sich verbunden fühlt mit dem, was man tut! Und zwar das jeden Tag.

Was geht mich das nächste Jahr an? Ich will hier, jetzt, im Augenblick leben. Und das ist keine Ich-Sucht, das ist ein ganz normales Leben wie jedes Tier und jede Pflanze.

Andere über Willy Ackermann:

So erkoren Gusto Gräser und Willy Ackermann in bewußter antiindustrieller Tempoverlangsamung (so hatte ja auch Hesse die „Morgenlandfahrer“ gesehen) den Zigeunerkarren zum Reisegefährt. (Ulrich Linse, 1983)

Er hatte schielende Augen und sah wie Rasputin aus. (Werner Einecke, 1984)

Monte Verità revisited Werner Pieper

Wir ertanzen uns die **Himmelswiese**

Monte Verità? Die Schweiz? Warum in den '60ern oder frühen 70ern an die Alpen fahren, wenn man auch nach London kann, wo das Leben rockte? OK, befreundete Dealer waren in ihrer Sucht nach guter Schokolade eines Nachts kollektiv mit ihren Maschinen schnell mal gen Süden gedüst, um ein paar Tafeln zu holen, das war's aber auch schon? Gutes LSD wurde auch in Highdelberg manufaktiert. Ansonsten? Tim Leary hielt sich längere Zeit 'da unten' auf, dann drangen einige Exemplare der wunderbaren Hotcha! Underground Blätter langsam gen Norden. Es brauchte Indianer (& Hermann Müller), um uns den Weg zu unsern radikalen grünen Wurzeln, nach Ascona, der Wiege antiau-thoritären und konsumkritischen Lebens zu zeigen.

Im Mai 1973 lud ich eine Gruppe traditioneller Indianer nach Deutschland ein, die ersten traditionellen indianischen Besucher ever, und diese erzählten u.v.a. begeistert von den Bärglüttli-Hippies. Nach ihrer Abreise machte ich mich auf, um all die Plätze und Menschen, die sie besucht hatten, zu erkunden. Hopi Botschafter Craig Car-penter hatte mir einen wertvollen Tip gegeben. Er, Mitglied eines indianischen Bären-Clans, machte mich auf die Bären im Berner Bärengraben aufmerksam. „Sie sind die 'Herren' der Stadt. Erweise Ihnen Respekt".

Inzwischen war ich ein gutes Dutzend Mal in Bern und das Ankomm-Ritual ist immer dasselbe: Als erstes geht es direkt zum Bärengraben, 'Hallo!' sagen, sich vielleicht am Ufer der nahegelegenen Aare noch ein Rauchopfer (Opfer?) oder gar ein Bad genehmigen und die Schweiz erscheint einem in magischem Licht.

Hippietreffen 1978 auf dem Monte Verità bei Ascona, im Gedenken an Gusto Gräser. Zweite von links: Nadina Leganowitsch. Vierter von links: Werner Pieper. Mann im weißen Hemd: Sergius Golowin. Zweiter von rechts: Initiator Hermann Müller.

Das mag plump klingen, aber in der Praxis klappte das wiederholt verblüffend gut. Viele Leute reden von einem Druck, den sie in Deutschland empfinden. Daheim bemerke ich ihn nicht, aber wenn ich dann an der Aare sitze merke ich, wie selbiger Druck von mir abfällt. Ähnliche Gefühle schilderten schon vor über 100 Jahren viele der Zehntausenden von russischen Underground'lern, die damals in der Schweiz Asyl erhielten (oder sich nahmen). Nochmals 100 Jahre zuvor, 1790, äußerte sich einer ihrer Vorfahren, ein Herr Karamsin: „Die Luft der Schweiz besitzt in sich etwas Belebendes: Mein Atmen wurde leichter und freier, meine Körperhaltung aufrechter, mein Haupt hebt sich ganz von selber in die Höhe, und ich denke mit Stolz an meine menschliche Würde". Das dies (heute) nicht für alle Fremden gilt, ist eine andere Geschichte.

Mein erster Besuch in der Schweiz galt Familie Golowin. Tim Leary war hier gewesen, der Hopi-gesandte Craig Carpenter auch, also freute ich mich sehr über eine Einladung nach Interlaken. Es war Winterszeit, der Tag der Heiligen Drei Könige. Man saß gemütlich mit der Familie und mehreren FreundInnen des Hauses zusammen, die Kinder gingen schlafen und die Wachbleibenden nahmen eine heimische psychoaktive Substanz: Hofmanns Tropfen. Trippin' all night long. Draußen Schnee, Jungfrau und Eiger in Fühlweite, zauberhaft. Der memorable Höhepunkt dann am nächsten Morgen zum Frühstück. Um auch den Kindern etwas von der magischen Nacht zu vermitteln, hatte Hausherr Sergius zum Frühstück einen echten Zauberer eingeladen... Das hatte Stil, so etwas hatte ich in Deutschland noch nicht erlebt: Erwachsene, die LSD genießen! Und wissen, was sie tun, sich gar in einer Tradition verstehend! Bemerkenswert.

Sergius war es auch, der mir Jahre später München erklärte, als ich mich (als Westfale) auf seine Einladung hin zum ersten Mal ins Bayerische traute. Eine Tagung der Siemens-Stiftung, im Nymphenburger Schloß, zu dem auch sein MalerSpezi Walti Wegmüller erschienen war. Die Süddeutsche Zeitung stellte uns als 'zwei lebende Exemplare der Gattung Hippie' vor. Wir wunderten uns, daß man, wie Sergius, so zwischen verschiedenen Welten pendeln und die dröge großstädtischen Alltagswelt als etwas so Phantastisches wahrnehmen kann. Als ich am nächsten Tag dann Freunde in München besuchte, wußten die überhaupt nicht, warum ich so euphorisiert ob dieser Stadt war. Kann ich heute selber kaum noch nachvollziehen. Aber Sergius hat(te) diese Gabe, die Phantastik Rezeptoren, nicht nur in meinem Hirn, zu aktivieren. Traumhaft.

Er wirkte auch bei der Gründung der Bärglütli, der neuen Naturphilosophen der 70er mit. Beat Hächler blickt zurück:„Die Utopie der Bärglütli träumte den alten Traum von Ökopax weiter: eine Lebensart zu finden, die Ökonomie und Ökologie vereint, die aus eigenen Kräften, ohne großräumigen Handel und ohne Fremdkapital lebensfähig ist, die bestehende Hierarchien und Machtstrukturen auflöst, die neue Lebensformen ins Zentrum rückt und nur noch den kulturellen Mehrwert kennt: Lustgewinn statt Leistungsdenken. Diese Utopie von Ökopax wurde 1970 im Focus ins rechte Licht gerückt: «Man wird in Großfamilien leben. Die jung Verliebten werden werden gemeinsam erzogen. [...] Man kann von einer Familie in die andere hinüberwechseln und von einer Gegend in die andere.» [...]

Die Bärglütli hausten von Pfingsten bis September in selbstgebauten Steinhütten, die notdürftig mit Blachen gedeckt waren. Die Lebensmittel mussten zu einem großen Teil eingekauft und aus dem Tal hochgebuckelt werden. Jeden Tag galt es, Pflichtaufgaben für die Gemeinschaft zu übernehmen. Holz, Pilze oder Beeren sammeln, Feuer machen, in der Küche helfen. Phasenweise hielten sich bis zu hundert Personen im Camp auf. Mit sechs Franken im Tag deckten Gäste die Unkosten. Das Bärglütli-Camp war aber mehr als körperliches Survival-Training. Es verstand sich ganz klar als Bildungsprojekt. Zahlreiche Kurse über biologisches Bauern, Naturheillehre, vergessene Sagen, Meditation, Yoga, Sufidancing oder Kreativhappenings arbeiteten am neuen Menschen. Freie Liebe im Sinne offener Paarbeziehungen gab es ebenso wie ein neues Körperbewusstsein. Eine Minderheit der Bärglütli bewegte sich nackt im Camp. Drogen waren Teil der Lust am Experiment. Verbreitet wurde gekifft, seltener LSD konsumiert, hie und da mit einheimischen Pilzen und Pflanzen laboriert."

Viele Hippies der Schweiz waren damals sowohl ihrer Heimat wie auch Kalifornien näher als wir in D. Die Bärglütli, radikaler als die meisten DeutschHippies, zogen auf Almen, um dort Leben und Trips unter einen Hut zu bringen. Wildi Lüt, oft auch einfach simpel Heiden, werden seit vorchristlichen Zeiten jene Menschen genannnt, die sich vom NormaloVolk absonderten, in Höhlen lebten, sich mit Gemsen und Kristallen beschäftigten, und immer konsequent ihre eigenen Wege gingen. Eine Tradition, die ja vor allem auf dem Monte Verità einen Quantensprung machte. Zumal sie wie wir ja auch noch von Einflüssen wie Carlos Castaneda oder Wilhelm Fabricius wie ungezählten Trips in der Natur zehren durften.

Jahre später gab ich dann eine Frii Blettli Anthologie (Der Grüne Zweig 44) heraus. Das Frii-Blettli war das Dezentralorgan der Stärnelüt, diesem urigen BilderbuchHippieTribe. Von den Indianern hatte man gehört: Nur

Stämme werden überleben. Themen wie: Selbstversorgung von Hirn & Körper, fahrende Musiker und Tarotlegerinnen, indische Anklänge, Zigeunerpraxis & Romantik, vieles was wir uns am heimischen Neckarufer bestenfalls erträumen konnten, schien hier Praxis zu sein. Walter Wegmüller, der Jahre später sein wunderbares Tarot (als Doppel-LP mit Karten) herausgab, mischte hier mit. Kartenleger in x-ter Generation, aus einer jenischen Familie stammend, berauschte mich mit seiner Kunst wie auch mit seiner Sieben-KräuterMischung gleichermaßen. Lecker!

„Fiesta Monte Verità Tanz der Grünen Kraft“

So war das Flugblatt überschrieben, das ich im Frühling 1978 unserem Kompost-Magazin beilegte. Aufgesetzt hatte es ein Hermann Müller aus dem Schwäbischen. Er hatte die Vision, ich stellte nur unser Netzwerk zur Verfügung. Hermann lernte viele Jahre zuvor den ‘Gründer und Künder’ Gusto Gräser kennen und wollte diesem ein geistiges Denkmal setzen. Also lud er zu einem ‘Tanz der Grünen Kraft und Volksund Freudenfest der Alternativen Träumer’ im Juli ‘78 in Ascona, Monte Verità ein. Das klang gut, und die Botschaft wurde verbreitet, ohne zu ahnen, welche historische Brisanz in ihr steckte, Geschichtsignoranten, die wir nun mal waren. Außer dem NeoRattenfänger Hermann Müller wußte wohl kaum ein Anwesender, wer die Kollegen Gräser, Diefenbach und Nagel gewesen waren.

„Wir versammeln uns, feiernd, tanzend, dankend und gedenkend zur 77. Wiederkehr der Gründung der Landkommune Monte Verità”. Außerdem durften wir lauter Jubiläen einer Szene feiern, deren Namen uns damals großteils recht wenig sagten. Wir zelebrierten den 100. Geburtstag des Gusto Gräser, des Dichters Herman Hesse, des Psychologen Otto Groß, des Revolutionärs Erich Mühsam, des Sozialphilosophen Martin Buber, der Vorkämpferin des Feminismus Franziska von Reventlow, der Tänzerin Isadora Duncan...

Zugegeben, viele kamen auf ihrer Ferienfahrt in den Süden einfach mal vorbei, neugierig guckend, was da denn nun los sein würde, denn Genaueres wußte man ja vorher nicht. Niemand. Es gab keinen MasterPlan, nicht einmal jemanden, der für einen Plan zuständig gewesen wäre, nur eine Art Versprechen:„Es wird auf jeden Fall Menschen geben aus ganz Europa die zu sehen, zu treffen, mit denen zu feiern es sich lohnt vorausgesetzt, Du bist auch dabei...”. Und eine Warnung:„Jeder kommt auf eigene Verantwortung, Rechnung und Gefahr. Jeder der kommt, ist Mitarbeiter, Mitdenker, Mitverantworter anders läßt sich dieser Versuch einer nichtkommerzialisierten und nichtsubventionierten, nach keiner Seite hin abhängigen Gemeinschaftsaktion nicht wagen. Keiner wird bezahlen, keiner muß bezahlen. Jeder ist aufgefordert, mit Rat, Tat und Geld zum Gelingen beizutragen". Wir verteilten ein paar tausend kleiner Handzettel und fuhren zum angegebenen Termin wohlgemut gen Süden. Niemand konnte ahnen, wieviel Spaß wir haben würden. Vorher weiß man ja nie, ob Träume in Erfüllung gehen. Zumal in einem fremden Land, mit fremden Menschen.

Die Landkommune Monte Verità auf 'Reizender Erde'

Wir waren nicht die ersten Fremden vor Ort, eher eine Art moralischer Nachlaßverwalter einer Szene, von der wir nie in der Schule gehört hatten. Ich laß' mal den deutschen Oberlehrer in mir zu Worte kommen, warum dieses Fleckchen Erde so eine große Anziehungskraft ausübt: Monte Verità ist ein Stück 'reizende Erde', so man den Untergrund betrachtet. Dieser ist geologisch eigenartig beschaffen, haben sich die Berge am Lago Maggiore doch aus tief aus der Erdkruste stammenden Gesteinszonen gebildet. Daraus resultiert eine magnetische Anomalie. Diese fällt zusammen mit einer anomalen Verteilung des Schwerefeldes der Erde. Der Einfluß dieser geologischen Anomalien auf das menschliche Magnetfeld ist bislang kaum erforscht. Als handele es sich hier um einen Akupunkturpunkt Mutter Erdes oder gar eine ihrer erogenen Zonen, bei all den Ideen, die hier geboren wurden und Aktionen, die hier, im wahrsten Sinne des Wortes, abgingen.

„1978 präsentierte Harald Szeemann in Ascona seine große Ausstellung «Monte Verità. Berg der Wahrheit». Szeemann, der in den sechziger Jahren als Leiter der Berner Kunsthalle auch zum Humus der «Junkere 37» gehörte, legte mit seiner Arbeit über Anarchisten, Ökopazifisten und Lebensreformer die hundertjährige Vorgeschichte der Hippies offen; gewissermaßen eine Botanik der späteren Flower PowerBlüte." (Beat Hächler)

Asconas Freak-Vergangenheit hinter Glas, im Museum. Grauenvoller Gedanke für mich, auch einmal dort zu landen ausgestellt, vorgeführt & verklärt. Wie soll ein Museum ein Gefühl für Lebenskultur oder gar Lebensfreude vermitteln können? Naja, Einheimische schauten sich das allemal nicht an, wie Museumswärterin Ruth uns erzählte.

Im Schlößchen auf der SeeInsel waren u.a. Fotos vom Skulpturenweg ausgestellt. Sehr anregend. Jemand hatte zwischen 1944 und 1978 in der Gegend um Ascona aus großen Steinen Skulpturen zusammengesetzt, gebaut, gemeißelt, geschichtet. 100% stoned. Der Künstler, der anonym bleiben will, führt die Kelten als seine Vorbilder an, denn diese haben ihrerzeit einen bestimmten Weg ebenso steinig vorgezeichnet.

Mein Ascona-Liebling der Vergangenheit war Armand Schultheiss (19001972). Er schuf einen einzigartigen Lehrpfad, die 'Enzyklopädie im Walde'. Er muß sich fast ausschließlich von Konserven ernährt haben. Die leeren Dosen machte er platt und beschriftete sie, wie auch andere Materialien wie Holz, Pappe und Blech, mit seinem umfangreichen Lexikonwissen. Tausende dieser InfoSchilder mit Zitaten aus der Weltliteratur, chemischen Formeln, Tips für natürliche Geburtenregelung und ähnlichem mehr, hängte er in einem 18.000 m2 großen Waldstück an Bäume und Büsche. Ein organisches, wirklich wachsendes Lexikon. Seine Erben waren leider von so viel preisgegebenem Wissen so verstört, daß sie nach seinem Tod alle Spuren beseitigten. (Bei DuMont ist eine Dokumentation über A.S. erschienen, herausgegeben von einer Ingrid Lischer). Aber Armand war ja nur einer von vielen, die sich hier austobten. Besonders spannend ging es um die vorletzte Jahrhundertwende zu.

Im Oktober 1900 trafen sich in München sieben junge Menschen, die aus der bestehenden Gesellschaft aussteigen wollten. Sie wanderten über die Alpen und gründeten auf einem Hügel über Ascona die Landkommune Monte Verità. Dies war nicht die erste und einzige Unternehmung dieser Art, sie wurde jedoch durch ihre Radikalität, ihren Ideen und ihren Mitgliedern, besonders die Brüder Carl und Gusto Gräser, sehr bald zum meistbekannten, meistbesuchten sozialen und geistigen Versuchsfeld in Europa jener Zeit.

Wer neue Wege suchte, neue Wege ging, den verschlug es alsbald nach Monte Verità. Anarchisten und Sozialisten, Ärzte, Soziologen, Psychoanalytiker, Theosophen, Antroposophen, Lebensreformer, Dichter und Denker, Tänzer und Bildner wie Hans Arp, Hugo Ball, Martin Buber, August Bebel, Ernst Bloch über Hermann Hesse und Thomas Mann, Erich Mühsam, Peter Kropotkin und Wladimir Lenin bis hin zu Mary Wigmann und Henry van der Velde. Es war nicht nur das sozialund lebensreformerische Unternehmen allein, sondern die geistige Anziehungskraft und Ausstrahlung dieser Menschen und der geografischen Umgebung, die Monte Verità zu einem einzigartigen Phänomen machten.

Die kulturellen Verflechtungen und Wirkungen waren mannigfaltig: zum

Dadaismus, zum Pazifismus, zum Expressionismus wie zur Revolution von 1917/18, zum Bauhaus, zur Verbreitung östlichen und ur-grünen Denkens, d.h. gesunde Kleidung und Ernährung, neue Heilkunde und Bauweisen. In den Werken von C. G. Jung und Ernst Bloch, im modernen Ausdruckstanz, in den Kibbuzim, in einer Vielzahl von bildnerischen Werken und Dichtungen, im Wandervogel, in der Jugendund Reformbewegung vor und nach dem 1. Weltkrieg sind Anstöße vom Monte Verità verarbeitet worden. Die Auswirkungen reichen, mittelbar und unmittelbar, bis in die heutige Alternativund Umweltschutzbewegung, die Grünen und die bewußte New Age-Szene. Jahrzehntelang blieb diese Wirkung im Untergrund der Städte und auf den Gipfeln der Berge eine stille und heimliche, weil sie von der herrschenden Gesellschaft geächtet wurde. Wie global die Auswirkungen jener Vorreiter waren, zeigte sich dann im Laufe der vergangenen Jahre von der Umweltüber die Naturkostbis hin zur New Age-Bewegung. Wir waren '78 schillernde Blühten jener Wurzeln jener Altvorderen ohne es zu ahnen.

Die Bewohner vom Berg der Wahrheit hatten einige der im 19. Jahrhundert aufkommenden Probleme als erste hinter sich gelassen und lange vor allen anderen jene des 20. Jahrhunderts erkannt und aufgegriffen: Schaffung und Erhaltung einer menschenwürdigen Umwelt, Widerstand gegen unmenschliche Technokratie und gegen die Verabsolutierung des Staates, die Befreiung und Gleichberechtigung der Frau und des Kindes, Dezentralisierung und Erprobung neuer Gemeinschaftsformen, Suche nach einem Dritten Weg zwischen Kapitalismus und Staatssozialismus und, vor allem, die Suche nach neuen geistigen Grundlagen des alltäglichen Lebens. Hier verschmolzen erstmals östliche Philosophie und westliche Psychoanalyse zu einer Einheit, die sich dann in Hesses Werk 'Demian' manifestierte. Hier wurde die Lehre der Gewaltlosigkeit und des bürgerlichen Ungehorsams als selbstverständliche Moral und als politische Praxis gelebt. Monte Verità ist jener Ort, an dem die Abkehr von der christlich-patriachaldualistischen Tradition ebenso wie vom modernen technokratischen Rationalismus zu einem fruchtbaren Ergebnis gebracht wurde: in der Dichtung von Gusto Gräser.

Stimmen der Pioniere

Daß das Leben in einer Landkommune kein Zuckerschlecken ist, erfuhren die Vorkämpfer der Bewegung um die Jahrhundertwende bald. Von den anregenden Seiten zeugen folgende Zitate von Zeitgenossen:

Wilhelm Schmidtbonn: „Sie bebauten mit eigenen Händen ihr Stück Land, ließen die Haare bis zu den Schultern wachsen, gingen in weißen Hemden. Ihnen folgten Männer, die nicht nur ihr eigenes, vielmehr das Leben der Menschheit ändern wollten. Hier, unter der unendlichen Klarheit der Bergluft, ordneten sie ihre Gedanken".

Oskar Maria Graf: „Es waren eigentlich alles Leute mit einem geheimen Hang, sogar mit einem leisen künstlerischen Einschlag. Das Innere war das Wesentliche, und die Aufgabe eines wahren Anarchisten hieß: Sein Äußeres nach dem Gesetz des innersten Dranges zu formen, in größter Freiheit, uneingeschränkt und möglichst unberührt von der 'Kultur'. Man kam Abend für Abend zusammen, las Kropotkin, Landauer, Proudhon und diskutierte. Oft wurde es erregt, aber man verstand sich".

Otto Groß: „Die Psychologie des Unbewußten ist die Philosophie der Revolution ... Der Revolutionär von heute kämpft gegen den Vater und das Vaterrecht. Die kommende Revolution ist die Revolution fürs Mutterrecht".

S. Obermeier: „Otto Groß, Arzt aus Berlin, legte die Lehren Sigmund Freuds auf seine Weise aus und predigte totale Enthemmung, die in einem leeren Stall bei fröhlichen Kokainund Sexorgien gefeiert wurde".

Albert Bettex: „Ascona wurde kurz nach 1900 zum Inbegriff kühnster individualistischer Lebensreform. Einer der bedingungslosesten modernen Versuche, Leben und Denken auf eine neue, freiere Grundlage zu stellen, wurde ins Werk gesetzt. Die Siedler bekannten sich zur 'naturgemäßen Lebensweise', zur Rohkost, zu den Heilkräften des Wassers und der Sonne und nahmen damit pionierhaft spätere Methoden vorweg. Sie verwarfen den Zwang der modischen Kleidung, überdies aber waren ihnen Frauenemanzipation, freie Ehe, Pazifismus, Gesellschaftsreform und internationale Haltung Selbstverständlichkeit. Außerhalb der herrschenden Welt, und gegen sie, wollten sie als Kolonisatoren ein neues, freies Leben auf eigener Scholle gründen".

Erich Mühsam: „Im Sommer 1904 kam ich zum ersten Mal nach Ascona, halb zufällig und ohne Ahnung, daß hier schon seit Jahren Leute lebten, Landsleute sogar, die vor Kapitalismus, Zivilisation, europäischem Betrieb und gesellschaftlicher Verlogenheit geflüchtet waren, um nach ihren eigenen moralischen und gesellschaftlichen Grundsätzen in freiwilliger Verbundenheit und individueller Gemeinschaft ein soziales Beispiel zu geben. Noch viel weniger ahnte ich, daß dieser wunderbarste Fleck Erde, den ich je gesehen habe, Jahre hindurch in kurzen Abständen immer wieder Zuflucht meines unsteten Lebens sein würde, und am wenigsten, daß ich nach mehr als einem Vierteljahrhundert lesen würde, ich gehörte zur Geschichte Asconas nicht minder als Ascona zu meiner Biografie". Hm, den Namen nach war es ein reiner Männerbund. Warum ich hier keine Frauen zitiere? Ich fand keine Spuren von ihnen, sorry. Die müssen noch aufgearbeitet werden.

Die Freie Schweiz

Warum trafen sich all diese freiheitlichen Kämpfer für eine bessere Menschheit ausgerechnet in der Schweiz? Warum spielt dieses Land eine so große Rolle in den Biografien vieler europäischer Revolutionäre? Kaiserin Theresia äußerte schon 1777 die Meinung, die „elende Schweiz" sei das „Asyl aller Narren und Verbrecher". Die Hitlers behaupteten später: „Je weiter eine Gegend vom Meer liegt, desto länger sie vom Weltverkehr abgeschlossen war, je gebirgiger und unzulänglicher sie ist, desto inferiorer ist der Menschenschlag, der sie bewohnt!".

Schon in der deutsch-bürgerlichen Revolution 1848 flohen viele, vor allem Badenser, unter ihnen die legendären Hecker und Diesbach aus Weinheim, zu den Eidgenossen. Diese Freigeister tummelten sich nicht nur in Ascona, sondern auch in Zürich, Bern und anderswo. Der große Anarchist Bakunin wurde längere Zeit von seinen Anarchofreunden vor den Häschern des Zaren in der Schweiz versteckt. Er sah in diesem Gebiet, daß sich genossenschaftliche und anarchistische Ideen zu richtigen Volksbewegungen entwickeln konnten (die bis heute Auswirkungen auf die Gewerkschaften und Sozis haben). Ein enger Mitarbeiter Lenins bezeugte: „Jeder von uns, den Revolutionären jener Zeit, hatte für die Schweiz ein ganz besonderes Gefühl ('Sowerschenno ossoboe tschustwo'). Dieses Land stand damals den Schöpfern unserer Revolution nahe."

Eine nette Theorie von Sergius Golowin: „Die Deutschen mußten zur Krönung ihrer Kaiser immer zum Papst nach Rom also durch die Schweiz. Es gab nur zwei Wege, beide führten über die Alpen, beide durch Gebiete, in denen man den Weg mit einem Dutzend Recken versperren konnte. Also waren die mächtigen Kaiser gezwungen, mit den Hütern dieser Durchgänge Versprechen einzugehen". Aus diesem Grunde hat die Schweiz seit Jahrhunderten keinen ernsthaften Krieg erlebt, ja, war in europäischen Kriegszeiten Zufluchtsort für viele, wenn auch vor allem für jene mit Geld. Es ist ja z.B. auch eine Forderung der Schweizer Behörden zu verdanken, daß die Nazis den 'J'Stempel in die Pässe jüdischer Mitmenschen drückten. Mir fallen noch weitere heftige Kritikpunkte an der Schweiz ein, mit denen ich ein Büchlein füllen könnte, aber in diesem Beitrag geht es mir eher darum, positive Seiten der Schweiz herauszukitzeln, und das fällt auch nicht schwer.

Ähnlich empfand auch Hugo Ball, ein Hauptinspirator des Dadaismus, der über Monte Verità schrieb: „Die Idee des natürlichen Paradieses nur in der Schweiz hat sie geboren werden können. Die entrückteste Umwelt begegnet hier dem lieblichsten Idyll, die eisige Schneeluft der Höhen dem mildesten Glockentone des Südens. Die Schweiz ist die Zuflucht all derer, die einen neuen Grundriß im Kopf tragen. Sie war und ist jetzt, während des großen Krieges, der große Naturschutzpark, in dem die Nationen ihre letzte Reserve verwahren [...] Von hier aus wird sich Europa wieder beleben. Alle, die sich den Kopf zerbrechen oder zerbrachen ob der Frage, wie der Menschheit wieder aufzuhelfen, wie eine neue Menschheit zu garantieren sei, leben oder lebten einmal in diesem Land [...] Drüben in Deutschland polterte ein gigantischer und hybrider Mechanismus, in den jeder, willens oder nicht, einbezogen war, um zu schuften, zu hungern, zu töten wo ich jetzt war, lebte man, um zu leben".

Zurück in die Gegenwart

Hey, leben! Rund um die Uhr. Ohne Zeigefinger und Gesetze! Das klang gut, das wollten wir auch. Von Gräser hatte ich noch nie gehört, aber von 'Gras' zu Gräser kann es ja nicht so weit sein. Also machten wir uns im Juli '78 gen Süden. Angekommen kamen wir aus dem Staunen nicht mehr heraus. Was für eine traumhafte Gegend! Der Lago Maggiore! Das Wetter. Die Leute. Die Leute? Zum einen die Horden von Hippies und Gleichgesinnten, die da aus dem Nichts auftauchten und einen ganzen Berg besetzten, zum anderen die Reaktionen der überraschten Eingeborenen. Dieses Fest war, ganz im Sinne der alternativen Altvorderen, nirgendwo angemeldet worden, also gab es auch keine Genehmigung. In den Worten des Anstifters Müller bei einer Vollversammlung im Wald: „Wir hatten diese Veranstaltung aus verschiedenen Gründen nicht angemeldet, waren gespannt auf die Reaktion, die ja kommen mußte. Sie kam auch, die Polizei, mehrere Male. Wir kamen auch, einige werden sich erinnern, wie wir am ersten Tag in hellen Scharen hier aus dem Wald geströmt kamen. Sie haben uns dann zu einem Meeting eingeladen, sie waren zu fünft oder sechst erschienen: Polizeioffiziere und der Bürgermeister, und wir haben sie mit Beifall empfangen, und dieses Gespräch war so freundlich von der Seite dieser Leute, es hätte nicht schöner sein können. Es hat nicht viel gefehlt und wir hätten uns am Schluß gegenseitig abgeküßt. Wenn ich jetzt so einem Polizisten begegne, begrüßen wir uns mit Handschlag und dann spricht man sich freundschaftlich aus nein, nein, es sind nicht alle so wie die Polizisten in Deutschland". Drei Tage dürften wir im Wald leben, war die Botschaft. Die Autoritäten schenkten uns zusätzlich einen Tag zum Abzug, wiesen uns auf Selbstverständlichkeiten wie 'Im Wald kein Feuer anzünden' hin, und machten sich zurück in die Zivilisation. Wir blieben und schwärmten aus.

Bis auf ein paar offensive Lichtanbeter, deren Nacktheit wie schon vor 100 Jahren ein paar prüde Einheimische verwirrte und sieben sichtbare kleine Fäkaliendeponien, die im Wald aber allemal nach ein paar Tagen zu Humus wurden, gab es dann später auch keinerlei behördliche Rüffel. Es war ja auch nicht so schwer, in diesem weitläufigen Gebiet Rücksicht auf andere zu nehmen. Selbstverwirklichung statt Konfrontation. '78 statt '68. Wasserfälle statt Wasserwerfer.

Sonne und Menschen schienen um die Wette. Man traf sich morgens zur 'Vollversammlung' im Wald und vertrieb sich tags und nachts gemeinsam die Zeit: Hier ein Vortrag, dort ein spontanes Konzert, hier eine TripRunde, dort der Versuch, ein Essen für viele zu kochen kein Programm, keine Prominenten, keine Versprechungen; die normalen Konsumenten kamen in Schwierigkeiten, aber die Masse des bunten Völkchens erfüllte die Wälder mit Kreativität.

Es gab ein großes Fest. Eine Offenbarung, vor allem für jene, die gekommen waren um zu feiern und nicht nur Festlichkeiten zu konsumieren. Ein Fest wie Jazz aufregend, und mit ein paar überraschenden Soli. Ungewohnt, mit einer solchen Meute unverstärkter Musik zu lauschen und herauszufinden, daß sich da viel leichter selber mitmachen läßt als bei elektrifizierten Lautstärken. Zigeunergeiger Baaschi verzauberte uns ebenso wie das 'Om' des Wortjongleurs Franz bei der Vollversammlung auf dem 'Erdaltar'; Hermann Müllers Vortrag über Gusto Gräser war so faszinierend wie die Ausführungen von Sergius Golowin. Es gab gar einige Arbeitsgruppen, ohne daß hier der Stein der Weisen gefunden wurde. Man tauschte sich aus.

Erstaunlich bei so vielen Menschen: Es gab kaum eine gemeinsame Identifikationsgrundlage, man kam ja nicht aus einem gemeinsamen Verein. So blieben manche Grüppchen auch unter sich. Ein Höhepunkt sicherlich die Versuche mit Gruppenspielen auf der Himmelswiese, einem recht hoch gelegenen Plateau, auf der eine Spieletruppe, die Harlekins, Hunderte zu einem großen Kreis vereinten und dann einige der damals neuen 'Spiele für Viele' in die Praxis umsetzten. Wunderschön dieser skin-divende Flug über tausend Hände. Spielerische Selbsterfahrungen.

Müller über Gräser

All dies verdank(t)en wir dem simplen Umstand, daß ein Student namens Hermann Müller ca. 1955 in München einem Gusto Gräser begegnete:„Gräser war damals 77 Jahre alt, lebte in der Großstadt in einer Dachkammer, die nicht beheizbar war, mit einem Loch im Dach. Das ließ er aber offen, weil er so die Sterne sehen konnte, wie er sagte. Er hat einen Kübel hingestellt für das Regenwasser, damit war die Sache gelöst. Vormittags ging er in die Stadt-Bibliothek. Da hatte ich ihn vorher auch schon gesehen und hab' ihn da für einen Irren gehalten. Ich hatte ihm einmal über die Schulter geschaut, und er schrieb Gedichte oder zeichnete sie farbig oder schmückte sie aus. Mittags ging er dann in die Volksküche und aß dort für 30 Pfennige. Nachmittags war er im Café Klein Bukarest anzutreffen. Die Bedienungen dort erzählten mir, er gäbe sich nur so, in Wirklichkeit sei er ein hochgelehrter Professor und steinreich. Er habe halt nur den Sparren, so herumzulaufen. Er bekomme auch alles noch zum alten Preis, denn der Wirt sei ein Landsmann von ihm, auch einer der wenigen, die den überhaupt in eine Gaststätte hineinlassen würden.

Er sagte uns: „Seit zehn Jahren hab' ich mit keinem Menschen gesprochen", wobei der Ton natürlich hörbar auf 'Menschen' lag. Er unterschied sehr deutlich zwischen Leuten und Menschen, und Leute hat er sehr oft angesprochen. Er hat sich ja nicht in eine Verbitterung oder Einsiedelei zurückgezogen. Auf der Straße hat er alle angesprochen, die ihm 'tauglich' erschienen, das war sein Wort. Es waren wohl nicht viele 'Taugliche' dabei, denn er war zu jener Zeit sehr einsam. Und wenn er dies hier geahnt hätte, er, der sein ganzes Leben lang den Freund, den jungen Menschen im Besonderen gesucht hat, wenn er das hier sehen würde, er würde wohl ebenso geweint haben wie ich jetzt ... (Schnief).

In Gustos Umfeld und unter seinem Einfluß erwuchsen hier ein halbes Dutzend Landkommunen. Ich glaube aber, daß keine bis heute überlebt hat. Es war eine Frucht dieses Ansatzes, des Versuches, Gemeinschaft zu gründen. Denn darum ging es ja im Wesentlichen. Der Ton liegt nicht so arg auf Land wie auf Gemeinschaft und Kommunion, die auch da drin steckt. Eine Gemeinschaft, eine wirkliche Kommunion ich sage nicht Kommunikation.

Eine andere Frucht reifte auf sprachlicher, literarischer Ebene. Explizit bei Hermann Hesse, dessen Idee des Bundes und sein Demian des Ordens, wie er dort beschrieben wird, des Ordens der Morgenlandfahrer letztendlich zurückgeht auf die Erfahrungen, die er hier mit Gräser zusammen gemacht hat. Hermann Hesse war es, der, wenn auch in abgemilderter Form, das Bild und die Weisheit seines tief verehrten Gurus und Freudes Gräser in die Welt hinausgetragen hat. In Romanform. Hesse hatte sich den Wanderungen von Gräser angeschlossen. Im Jahr 1906, nachdem sie sich wahrscheinlich schon 1901 in Basel kennengelernt hatten, so schreibt sein ehemaliger Freund und Nachbar Ludwig Fink, zogen vier barfüßige, langhaarige, seltsam gewandete Gestalten in das Dorf Freienhofen am Bodensee. Sonnenbrüder aus Ascona nennt sie Fink und fährt fort: „Hesse war gleich Feuer und Flamme und zog eilenden Fußes nach Ascona. Er hat dann einige Wochen hier in den Felsen verbracht, nackt durch die Wälder laufend ...”.“

Klappe Franz, die 1. konsequent!

„Hey, ich bin jetzt hier auch drei Wochen nackt durch die Wälder gschprunge. Isch, ich bin auch so e Morgenlandfahrer, der dem Ruf hierher gefolgt ischt!” stellte sich mit lauter, klarer und schwäbischer Zunge Franz vor. Ich habe Franz weder vorher noch nachher je getroffen, aber im vertità'schen Hier & Jetzt beschämte er uns Hippietouristen durch seine neoschamanische Authentizität. Wir mögen sie rauchen, aber er war naturally Gräser-high. Er schüttete unser aller Herzen & Seelen aus.

„Isch möcht einfach was sage zu de alternative Art, sich zu benehme und alternative Lebensweisen anzustrebe. Des isch ja letztendlich erscht erfolgreich, wenn aus der Alternative e Konsequenz worde isch. Ich habe mit dem Werner über das Wort Alternative geredet und er hat gesagt, er will des nimmer höre, er kann alternativ nimmer höre. Und daraufhin isch mir des irgendwie angetrage worde, ein andres Wort zu finde ... und da hab ich also einfach gesagt, Konsequenz isch des annere Wort. Und die Konsequenz macht mich zu dem, wie weit mein Bewußtsein geweitet isch und was weiß isch. Letztendlich bleib ich immer noch der verwirrte und einzelne Mensch, der seine Gleichgesinnte irgendwo suchen muß, die lächerlich weit verstreut sind. Oder ganz nah beieinander, aber einander nicht kenne. Geschtern habe ich dem Fernsehn gsagt, daß dies Treffen hier ja eigentlich vielleicht dafür gut isch, daß sich Mensche zsammenfindet, die, wenn sie wieder auseinanderganget, zueinander sagen könnet, wir sind! (Klatschen).

Also mir hen des scho abgsproche ghabt, daß ich hier ein paar Taogedichte vortrag von dem Gusto Gräser. Ich hab sie mir heut morgen e bißl angeschaut und bin ziemlich runtergebracht worden von meinem Trip, auf den ich hier komme bin. Weil des, was ich da drin glese heb, des hab ich a paar Woche und eigentlich schon die ganze Zeit in meinem Lebe durchlebt und erfahre. Ich war bloß gedanklich nicht so bei der Sach, die da verdichtet aufgenomme worde isch und sozusagend des Tao, den gegenwärtigen Moment fotografiert hat in lyrische Worte und es isch alls wunderbar. Eigentlich sind es therapeutische Texte, mit denen jedes Individuum seine Seele weiten kann, daß die Kräfte, die in ihm strömet, wenn er ihm sympathische Betrachtungen anstellt, da hinein wachsen könnet und aus diesem Fehlerbewußtsein des Daseinsgefühl entsteht. Und des Daseinsgefühl ischt entweder Sitze oder Hocke. Also vielleicht sollte ich des jetzt net sage, aber i moin ebe bloß, also die Sache isch ebe so, daß ich es sehr bedaure, daß wir alle in 'n Spiegel gucket, die ganze Zeit in unserem Lebe und uns von diesem Spiegel in der direkten Konfrontation und dem ganzen Drumherum eines Teiles dessen, was in dem Drumherum sich befindet, daß man sich damit des ganze Lebe lang hypnotisiert, des moin i damit. Wenn mer also aufmerksam isch für gedankliche Inhalte, für geistige Inspiration, dann setzt mer sich in die richtige Haltung hin, um des auch aufnehme zu könne. Die Gurus, die aus Indien kommet, die hocke da wie Yogis und die Mensche, die dene zuhöret, die bemühet sich unentwegt, dieselbe Haltung einzunehme, weil der Geist, der Spirit, die Inspiration ebe so hineinfließt in die Mensche, wie diese gestaltet sind, oder wie der innere Mensch zur Entfaltung gekomme isch.

Manchmal sage die Mensche zu mir, du siehst so gsund aus. Da kann ich nur sage, des isch des Erlebe. I penn ebe net 12 Stunden am Tag. Manchmal bin i nur 4 Stunde in der Nacht zur Ruhe gekomme und stehe auf und nach 5 min flipp isch schon wiede durch die Gegend, daß alles zu spät isch. Aber des macht Spaß, des ischt ekstatisch. Da kann mir koiner was erzähle: Ich heb zwei Haxe, zwei Hände, wenn i die net irgendwie benutz, dann spür i die net, dann bin in nur e Mensch mit meim Kopf, aber der Mensch, die

Kreatur die erfährt sich doch net, wenn er irgendwelche Zeile, wenn die Gedanken im Kopf als Zeile erscheinet. Der Geruch, der Duft von ner Blume oder einem Räucherstäble, der isch e Gedanke. Aber weil wir so wahnsinnig verspiegelt sind von Zeitunge und Bücher und anderer Leut Weisheite, könne wir den Duft von einem Räucherstäbchen net lese. (Zwischenruf: In welchem Buch kann man das lesen?) I hab au gar kei Luscht, es aufzuschreibe, weil die Konsequenz meines Lebens heißt mittlerweile: Halt die Klappe! (allgemeines Gelächter). Mir ging es darum, den Sergius Golowin zu ehren, der also hierher gekomme ischt, als echter Freak, wie ich es so bei der ersten Betrachtung erkenne (mehr Gelächter)....".

Sergius Golowin, der aufgestellte Geschichtenerzähler

Sergius brachte sich samt Familie ins Fest ein. Sein Sohn Erik hatte mit 8 Jahren schon ein eigenes Tarot-Spiel gemalt und wurde später Herausgeber des Kampfkunstmagazins Bushin Der Weg der Kraft. Sergius verklickerte uns, warum wir uns eigentlich getroffen hatten: „Ja, warum wir hier sind, das ist eine sehr nette Frage, aber sie ergibt sich schon allein aus der Tatsache, daß man da ist. Ich meine, wenn man nicht hier wäre, würde wiederum jemand fragen 'Warum seid ihr nicht auf dem Monte Verità gewesen?'

Andere sitzen in Wolkenkratzern. Die machen da so Pläne und Planungen mit Fachleuten und Ethnographen und Soziologen und planen zum Beispiel, wie man der 3. Welt helfen soll. Sie planen, wie man es dort machen solle, daß die Frauen dort nicht verschleiert sind, daß man in Saudi Arabien die Hilfsarbeiter oder Sklaven nicht so schlecht behandeln solle. Und ungefähr hundert Meter Luftlinie von diesem Wolkenkratzer entfernt verkauft die DrogenMafia an Minderjährige Heroin, oder man kann aus der Prostitution nicht herauskommen oder man läßt Zehntausende von mexikanischen Knaben als Strichjungen kommen. Das alles nur hundert Meter von den Orten, wo sich das Kapital befindet, von wo aus man bestimmt, wie die Dritte Welt nun endlich doch entwickelt werden soll! So unterentwickelt, wie es die überentwickelten Länder sind, ist einfach nichts auf der Welt. Einfach nichts...

Was das Große war an der Hippie-Bewegung, das müssen wir uns einmal vergegenwärtigen. Das waren nicht die paar großen Ideen, die herauskamen. Es waren nicht die Früchte, die man heute anerkennt, abbildet und erforscht. Das Große war nach meiner Auffassung eine neue Haltung. Diese neue Haltung resultierte in den Sätzen, die ihr alle kennt und die uns heute Selbstverständlichkeiten zu sein scheinen, aber das waren sie damals nicht: All you need is Love Be here now und Do your own thing. Also, was du brauchst ist Liebe, Sei hier und heute und Tue deine eigene Sache. Das heißt, versuche, deinen Lebenskreis zu entwickeln, deinen Beziehungskreis, dein Beziehungsfeld, dein räumliches und zeitliches Beziehungsfeld, ohne das Heil zu erwarten aus den Metropolen. Nicht das Heil von irgendwelchen großen Planern erwarten... Die Leute haben Ende der Sechziger versucht, ihre Wohnung nicht nur als eine Wohnmaschine, als eine bloße Schlafstätte zwischen den Arbeitsschichten, also als etwas Vorübergehendes anzusehen, sondern als eine wirkliche Insel in einer Welt, die sie vielleicht nicht mehr interessiert. Die Leute versuchten, ihre Wohnung als einen Lebensmittelpunkt zu gestalten. Sie saßen zusammen im Kreis um einen Teekessel, sie saßen zusammen um das Essen, das man irgendwie wieder bewußter wahrgenommen hat, man hat es wieder heilig genommen ... Die Leute versuchten wieder zusammen zu sitzen und sich zu überlegen, was eigentlich am Leben wichtig sei.

Sittin' on top of the world ... Ähnliches sah & zeichnete schon Fidus zu seinen Zeiten

Eines der Phänomene ist zum Beispiel, daß der Gast nicht mehr eine Nebensächlichkeit war, oder etwas, das man rituell hat. Ich habe diese soziologische Untersuchung über Schweizer Bergbauern gelesen, also von leuten, denen man unterstellt, daß ihre Welt noch in Ordnung sei. Dann sieht man da Zahlen wie: 30% der Leute bekamen nie Besuch, weitere 10% oder 20% bekamen einmal im Jahr Besuch von Verwandten, den Sittin' on top of the world ... Ähnliches sah & zeichnete schon Fidus zu seinen Zeiten man dann auch erwidern mußte. Der Gast wurde in unserer Gesellschaft zu einem seltenen Ritual. Was ich nun in den neuen Gruppen erlebte war, daß der Gast zu einer Lebensnotwendigkeit wurde. Ich sah, man freute sich über Besuch, auch über unangemeldete 'fahrende Schüler'. Die Gäste, die kamen, waren

Reisende, die zuvor vielleicht in Mexiko waren, andere kamen aus Marokko, der Dritte aus Indien, oder Nepal. Was diese Leute in der Welt suchten, war der Sinn der Existenz, der Sinn, warum man zusammenwohnt. Also die jungen Leute gingen in die Welt, nicht, um wie es in den Zeitungen steht, Drogen zu kaufen, sondern um zu schauen, ob es nicht in Mexiko oder Afghanistan oder Marokko etwas gäbe, von dem man lernen könne, wie man zu leben hat. Ich kann euch sagen, ich habe in meinem Leben viele Bücher gelesen, immerhin war ich Bibliothekar, aber gelernt habe ich z.B. über die alten Völker von solchen Reisenden, die vielleicht nie studiert haben. Die kamen und erzählten über ferne Länder, sie erlebten und berichteten Dinge, die in keinem Buch stehen. Sie erfuhren um die Geheimnisse des menschlichen Zusammenlebens, sie sahen wie Leute Gäste empfingen, sie sahen, wie die Menschen miteinander verkehrten, was sie machten oder nicht machten, wie sie Tee kochten, wie sie einander grüßten. Sie lernten hunderte von Zusammenhängen kennen. Aber nicht so wie gewisse Ethnographen, die in ihren Studien in jeder vierten Zeile schreiben müssen, sie seien aber nicht so. Gewiß nicht, nein. Sie kommen zu den Eingeborenen, aber sie wollen, daß der Leser ihrer Dissertation keine Sekunde vergißt, daß da ein gelehrter Mann steht, der diese Eingeborenen beobachtet. Natürlich führen sich die Eingeborenen entsprechend auf. Stellt euch vor, es käme ein Chinese oder Indianer zu euch in die Wohnung, ohne anzuklopfen und würde sagen: 'Ich wollte einmal studieren, wie sich die Eingeborenen in Europa eigentlich aufführen. Nun führt euch doch mal auf. Ich zahle euch auch eine Kleinigkeit dafür. Im übrigen stehe ich unter Polizeischutz und wenn ihr mir etwas antut, wird die Regierung böse". Die Hippies durchbrachen diese gläserne Mauer. Unter ihnen waren sehr viele durchaus gelehrte Menschen, einige studierten ja auch anschließend an der Universiät weiter. Aber es waren auch viele junge Menschen, die nicht studierten. Sie besuchten diese Bewohner der dritten Welt nicht als Forscher, sondern als Lernende. Darum lernte man bei jedem Besuch in diesen Kreisen um die Teekanne, in diesen Kommunen. Man kann jetzt nicht formulieren, man solle so oder anders leben. Man kann höchstens sagen, daß man durch hunderte von Geschichten, die man dort von den Leuten, die versuchen, der unentfremdeten Kultur nachzugehen, etwas heraushören kann, das uns in unseren ganz eigenen Situation weiterhelfen mag".

Klappe Franz, die 2.: Echt der Hammer!

Schließlich kam Franz wieder zu Wort. „Also isch les jetzt mal ein Gedicht vor und dazu muß isch sagen, daß ich in der Höhle unten ein Experiment gemacht habe. Ich hab jedem Menschen, der gekomme isch, nicht was vorgeredet, sondern was vorgsunge, weil es mir unheimlich auf den Wecker geht, so viel zu quatsche (Gelächter). I ha gesagt, wenn ich jetzt dieses Gedicht vortragen soll, dann werde isch des singe. So lange probier ich des, bis ich es hinkrieg ... (Singt:) Om ... Om ... (einige singen mit, atmen miteinander, con-spirieren im wörtlichsten Sinne):

Om ...
schon singt sein Vogel, singet Himosal beseelt sein Wirulei
Om ...
[...]
Drum: Lass fahren hin
was noch nit hören mag,
und komm, anheben komm urhungen Lebenstag! Also: Garnimmermehr
zahmlahm Schönzukunft malen, nein; Denn hier, ankünftig hier, schonschöner sein.
Das ist ja der Hammer!
Inbrünstig spielend, wildwurtsellust -
urbildungslust geschwellt,
trutz allem Trüben,
Lenem zu üben,
wie's uns gefällt!
Das ist ehrlich der Hammer.

Leute, ich glaub', wenn ihr den Franz gehört habt, dann habt ihr den Gräser gehört, wie er hier vor siebzig Jahren ... Das versteht ihr jetzt nicht alles, was da gesagt worden ist, aber das kommt noch ..."., prophezeite Hermann Müller.

Während ich über Ascona sinniere, fällt mir im Wirtschaftsteil der Tageszeitung der Name Richard Müller auf. Auf einigen der Fotos von '78 ist der damals nette Naturköstler aus München direkt hinter Nadina und mir zu sehen. Nadina war damals seit ein paar Monaten meine Freundin gerade haben wir unser 30-Jähriges gefeiert. Und Richard ist in der Tat jener Typ aus den Wirtschaftsseiten. Er ist in der NaturkostFirma Basic involviert, die von Lidl aufgekauft werden sollte/wollte. Ich mache ihn ausfindig und frage ihn nach seinen Ascona-Erinnerungen, die Gräser-gerecht kleingeschrieben

Franz erhebt die Stimme mit Gusto; vorn im weißen Hemd Sergius Golowin, rechts Hermann Müller. Nun nahet Erdsternmai.

kamen: „Ich war sehr erfreut in deinen chroniken authentisches zu finden, bezüge zu den wurzeln, die viele nicht mehr kennen wollen und auch lustiges was ich selbst fast vergessen hatte. Ich habe mich vor einigen jahren aus dem sogenannten operativen geschäft zurückgezogen hatte auch eine auszeit mit weltreise auch über polynesien nd bin seit einem jahr wieder berater von ökound kultur-projekten im chiemgau, wo ich seit ca. 20 jahren mit meiner frau aneli von damals, wir kennen uns seit 37 jahren (www.atelier-junges-blut.de) lebe ... ich bin noch teilhaber an einigen firmen, da ich die letzten 30 jahre im öko-bereich mehrere projekte gestartet habe und auch relativ zuviel gearbeitet habe ..."

Ich kontaktiere andere, die damals dabei waren oder von dem Treffen inspiriert wurden. Axel Dietrich ist inzwischen Architekt und freut sich, wenn seine Fotos recycelt werden. Sein Fotografenkollege Richard Maychrzak lebt seit 20 Jahren auf den Salomonen-Inseln in der Südsee. Das wär' sicher auch was für Gusto gewesesen.

Ich glaube, wir sind nur ein Nebensatz der Natur

Nach drei Tagen war die Himmelswiesen-Party für die meisten Besucher, wie auch der Spuk für die Einheimischen vorbei. Ein paar von uns blieben noch etwas; um aufzuräumen, so der Plan. Doch dann Verblüffung: Da hatten Tausend Menschen drei Tage gefeiert und alles, was wir abschließend an Überbleibseln fanden, waren drei kleine Einkaufstüten voll Müll; ein paar Glasscherben und Kronkorken von den Feuerstellen. So etwas hatte ich wohl schon in England erlebt, daß nach einem einwöchigen Fest The Trentishoe Earthfayre, u.a. mit Elster Silberflug die Leute ihren eigenen Müll wieder mitgenommen (oder vergraben) hatten. Immer wieder schön zu erleben, daß so etwas machbar ist, auch wenn es einem daheim im Deutschreich niemand abnimmt. Sogar manche, die dabei waren, konnten kaum glauben oder einordnen, was sich hier abgespielt hat.

Wie erlebt und gesagt, man kann große Feste auch dezentral, ohne Genehmigung und Plakate, Tickets, Kontrollen, Bühnen, Souvenirs und Toilettenwagen feiern. Erleichtert wird einem dies natürlich, wenn die einheimische Bevölkerung mitspielt bzw. einen gewähren läßt, was bei uns ja leider sei es aus Erfahrung oder wg. Urängsten eher selten ist. Aber die Menschen in und um Ascona haben ja schon lange Erfahrungen im Umgang mit Anarchisten, Barfüßlern, Vegetariern und Lichtsuchern, so daß die Hippies 1978 wohl nur eine kleine Ergänzung auf der Speisenkarte des fantastischphantasievollen Geistesmenüs Monte Veritàs darstellten. (Ich wollte unbedingt den Ausdruck 'Fußnoten der Geschichte' vermeiden).

„Das Fest der Neo-Monteveritàner lud im Gedenken der Proto-Hippies zum «Tanz der grünen Kraft». Sergius Golowin beschwörte vor neuem Publikum den alten Traum des «dritten Weges». Nackte Hippies im Wald von Arcegno beschäftigten kurze Zeit die Tessiner Lokalpresse. Danach kehrte wieder Ruhe ein. Die Zweitauflage des Festes 1979 verlängerte das Revival nur unwesentlich." so steht's rückblickend in dem Buch über Schweizer Subkulturen, Walk on the wild side zu lesen.

Guido und Patrick, zwei Metropolisten, berichteten damals im Münchener 'Blatt': „Vollversammlung, fünfhundert Menschen sitzen im Rund am Schnittpunkt des Pilgerpfades. Fünfhundert sie wirken wie fünfzig, der Wald ist groß. Die Leute sitzen und warten, Sprache und Lachen schweben über dem Platz, es gibt nicht viel Organisatorisches zu bereden. Einer steht auf, nur mit einem Lendenschurz bekleidet, wiegt sich im Takt seiner Gedanken und erzählt von der Verklärtheit, seiner Begegnung mit diesem Wald, wir alle können von der Natur nur lernen, wir bräuchten uns nur darauf einzustimmen. Und wieder das 'Om' als die Möglichkeit des Einstiegs in die Synthese von Mensch und Natur, viele fangen wieder an zu summen, sie gehen, eine Gemeinschaft der Summenden, auf ihren Erlebnisrundgang entlang des Pilgerpfades. 'The girl can't help it' rutscht mir halblaut über die Lippen du bist intolerant, wird mir entgegnet ich bin verwirrt, schäme mich, bin still, um mich herum die om-schnappenden Fischmäuler der Toleranten des Wassermannzeitalters. Sie sind so sicher, haben ein Ziel. Ich bin unsicher und weiß nicht, wie mein Ziel ausschaut. Sie haben viel mit mir gemeinsam, aber ich so wenig mit ihnen. Ich steige mit denen, die ich kenne, hinauf zum Erdaltar am Hia-Hia und genieße das Sonnenbaden. Drei Tage Fiesta Monte Verità, drei Tage gemeinsames Leben in den Wäldern. Tätigkeiten werden zur Selbstverständlichkeit: Ein Loch graben um zu scheißen; in einer verrußten Aluminiumdose Wasser kochen; zur morgendlichen Dusche nackte Menschen am Wasserfall, die selben wie später beim Sonnenbaden auf dem Berg. Abends Feste mit Tanz und Musik, ohne elektrische Hilfsmittel. Drei Tage. Dann ziehen die meisten weiter. Der Berg wird wieder still. Wir bleiben einen Tag länger, steigen bei der Abenddämmerung hinauf zum Erdaltar, setzen uns, schauen dem Himmel beim Dunkelwerden zu, unter uns der dunkle Wald, aus dem kahle Felskuppen wachsen. Auf einem Felsen sitzt ein Gitarrist, seine Akkorde klingen klar zu uns herüber. Eine Kultur auf dem Rückzug. Wir waren da, die Felsmalereien beweisen es ebenso wie die Steinzeichen am Wegesrand. Ich empfinde das Spiel der Gitarre als klagend, verfange mich im Flug der Schwalben, die rußflockengleich über den Berg treiben. Es war schön, die Tage der Befreiung, doch die Vergangenheit bleibt. Erich Mühsam für immer von den Faschisten geschändet und Gusto

Gräser verreckte kläglich in den Städten. Meine Befangenheit ist geblieben. Die Sonne scheint auch über den Trabantenstädten, den Knästen und den Fabrikhallen".

Abschließend noch eine Anekdote von Sergius:

„Also das, was ihr hier heute macht, haben die Morgenlandfahrer vor Jahrhunderten und vielleicht vor Jahrtausenden auch schon gemacht. Und das ist sehr lustig. Als das vor Jahren hier wieder anfing so mit Treffen in den Bergen, da kamen Indianer rüber, von den Hopis, und sie fragten uns, ob es da irgendwo Felszeichnungen gäbe. Bei ihnen hätten die Propheten seit Jahrhunderten erzählt, alles fange wieder an, wenn man wisse, daß überall auf der Welt auf den Bergen Zeichen seien, die beweisen, daß die Menschen seit Jahrtausenden auf die Berge gingen. Dann sagten wir dem Hopi, so etwas gäbe es doch in Val Camonica, eben solche Felszeichnungen. Und er ist dahin gegangen und kam zurück und sagte, 'Es ist alles in Ordnung', alles fange wieder von vorn an. Ich glaube, wir sind ein Nebensatz der Natur.

Und das ist eine schöne Geschichte".

Ulrich Holbein und der Gusto-Gräser- und Diefenbachexperte Hermann Müller vom Deutschen-Monte-Vertia-Archiv Freudenstein auf dem Berg der Wahrheit bei Ascona.

Literaturempfehlungen

Christian-Wagner-Quellen:

1895 – Bruno Wille: „Zwei Dorfpoeten". (Johanna Ambrosius und Christian Wagner). In: Das Magazin für Literatur, Jg. 64

1898 – Richard Weltrich: „Christian Wagner, der Bauer und Dichter aus Warmbronn. Eine ästhetisch-kritische und sozialethische Studie", Strecker & Moser, Stuttgart

1899 –(Zweisprachige Neuausgabe: Harald Hepfer (Hrsg.): „Christian Wagner – Der Bauernpoet aus Schwaben", Jahresschrift der Christian-Wagner-Gesellschaft e. V., Warmbronn 1990

1976 – Christian Wagner: „Eigenbrötler. Kleine Geschichten aus meiner Jugendzeit", Jürgen Schweier Verlag

1980– Huguette Herrmann und Friedrich Pfäfflin (Hrsg.): „Christian Wagner aus Warmbronn - Eine Chronik", Marbacher Magazin 6/1977, Deutsche Schillergesellschaft, Marbach a. N. 1977

1980 – -Peter Handke: „Im Jenseits der Sinne – Ein Versuch über den Bauerndichter Christian Wagner", in Peter Handke: „Das Ende des Flanierens", Suhrkamp, Frankfurt/Main 1980

1980 – Harald Hepfer (Hrsg.): „Der Dichter Christian Wagner – Zum 170. Geburtstag am 5. August 2005", Katalog der ständigen Ausstellung im Christian-Wagner-Haus Warmbronn, mit einem Vorwort von Thomas Scheuffelen, Christian-Wagner-Gesellschaft e. V., Warmbronn 2005,

1985 – Harald Hepfer, Ulrich Keicher, Jürgen Schweier (Hrsg.): „Es gibt Sonnen genug. Geburtstagsbuch für Christian Wagner",Beiträge von vierzig Schriftstellern zu Christian Wagners 150. Geburtstag. Jürgen Schweier Verlag, Kirchheim/Teck

1990 – Harald Hepfer und Friedrich Pfäfflin (Hrsg.): „Der Dichter Christian Wagner", mit einem Beitrag von Peter Härtling, Marbacher Magazin 28/1983, Deutsche Schillergesellschaft, Marbach a. N.

2003 – „Eine Welt von einem Namenlosen", 2 Bände: „Das dichterische Werk", und: „Lebenszeugnisse und Rezeption", Wallstein Verlag Göttingen

2008 – „Wiederentdeckung eriners Autos. Christian Wagner in der literarischen Modenre um 1900", Wallstein Verlag Göttingen

2015 – „Christian Wagner. Ein Stück Ewigkeitsleben. Ein Lesebuch, eine Werkauswahl“, herausgegeben von Burckhard Dücker, Axel Kuhn, 384 Seiten, 13 Abbildungen, Verlag Klöpfer & Meyer, Tübingen

Diefenbach-Quellen:

1895: – Karl Wilhelm Diefenbach: „Ein Beitrag zur Geschichte der zeitgenössischen Bildpflege, zwei Bände“, 600 Seiten, Wien (äußerst seltenes, materialreiches Großbuch, nicht mal in der Bayrischen Staatsbibliothek Münchens enthalten)

1899 – Paul von Spaun (Hrsg.): „Zum Fall Diefenbach“. Triest

1906: – Ida Hofmann-Oedenkofen: „Monte Verità – Wahrheit ohne Dichtung“ (Hauptquelle einer Zeitzeugin)

1920: – Karl Birnbaum: „Psychologische Dokumente, Selbstbekenntnisse und Fremdzeugnisse aus dem seelischen Grenzlande“, 325 Seiten, Verlag von Julius Springer, Berlin

1937: – Eduard Stemplinger: „Sonderlinge. Zwölf Charakterbilder“ (vergnüglich erzählte, anderswo nicht niedergelegte Anekdoten)

1937: – Gerhart Hauptmann: „Das Abenteuer meiner Jugend“ (Passagen über Kohlrabiapostel und „Dieffenbacher“)

1972: – J Frecot, Jonas Geist, Diethart Kerbs: „Fidus 1868-1948. Zur ästhetischen Praxis bürgerlicher Fluchtbewegungen“, verbessert ediert im Zweitausendeins Verlag, 2000 (darin auch einiges über K.W. Diefenbach)

1995: –Giancarlo Alisio (Hrsg.): „Karl Wilhelm Diefenbach 1851–1913. Dipinti da collezioni private. Electa Napoli. Edizioni La Conchiglia

1997: – Stefan Kobel: „Karl Wilhelm Diefenbach. Der Maler als Gesamtkunstwerk“,Magisterarbeit, Universität Düsseldorf

1999 – Michael Grisko (Hrsg.): „Freikörperkultur und Lebenswelt. Studien zur Vor- und Frühgeschichte der Freikörperkultur“, kassel university press, Kassel

2003: – Claudia Hammer: „Karl Wilhelm Diefenbach, 1851–1913 per aspera ad astra“, Galerie Konrad Bayer, München 2003 (Ausstellungskatalog).

2007: – Karl Wilhelm Diefenbach: Per aspera ad astra. Schattenfries und Dichtung „Seines Lebens Traum & Bild“. 2. Auflage. Umbruch-Verlag, Recklinghausen

2009: – Michael Buhrs (Hrsg.): Karl Wilhelm Diefenbach (1851–1913).

„Lieber sterben als meine Ideale verleugnen!“. Edition Minerva, München (Ausstellungskatalog)

Brigitte Fingerle-Trischler (Hrsg.): Naturpropheten in Freimann. Gusto Gräser, Bruno Wersig und die Wirkung von Karl Wilhelm Diefenbach „aufrichtig und unentwegt geradeaus“. Mohr-Villa Freimann, München-Freimann 2010. (Katalog der gleichnamigen Ausstellung im Kulturzentrum Mohr-Villa, 8. Januar bis 12. März 2010)

2000 –Janos Frecot, Jonas Geist, Diethart Kerbs: „Fidus, 1868–1948. Zur ästhetischen Praxis bürgerlicher Fluchtbewegungen“, Rogner und Bernhard bei Zweitausendeins, München

2004 – Hermann Müller (Hrsg.): „Meister Diefenbachs Alpenwanderung. Ein Künstler und Kulturrebell im Karwendel 1895/1896“, Umbruch-Verlag, Recklinghausen

2005 – Claudia Wagner: „Der Künstler Karl Wilhelm Diefenbach (1851–1913). Meister und Mission. Mit einem Werkkatalog aller bekannten Ölgemälde“, Dissertation am Fachbereich Kunstgeschichte der Freien Universität Berlin (online auf: diss.fu-berlin.de)

2012 – Hermann Müller (Hrsg.): „Himmelhof. Urzelle der Alternativbewegung, Wien 1897–1899; eine Geschichte der Lebensgemeinschaft „Humanitas“ um Karl Wilhelm Diefenbach in Wien“, Umbruch-Verlag, Recklinghausen

2015 – Pamela Kort/Max Hollein (Hg.): „Künstler und Propheten. Eine geheime Geschichte der Moderne, 1872-1972“. Katalog der Schirn Kunsthalle Frankfurt. Snoeck Verlag, Köln

Gustaf-Nagel-Quellen:

2000: – „Arendsee – gustaf nagel und arendsee. Bilder aus einer vergangenen Zeit“, Wartberg Verlag (darin 22 bebilderte Seiten über Nagel)

2001: – Christine Meyer: „gustaf nagel. Der Provokateur vom Arendsee. Eine Dokumentation“, Märkischer Kunst- und Heimatverlag, 2001 (bild- und materialreiches, hochlöbliches Standardwerk)

2001: – Reno Metz und Eckehard Schwarz: „gustaf nagel – der barfüßige Prophet vom Arendsee. Eine Lebens- und Wirkungsgeschichte“, dr. ziethen verlag Oschersleben (auch sehr gut)

Gusto-Gräser-Quellen:

1923: – Emil Szittya: „Das Kuriositäten-Kabinett, Begegnungen mit Landstreichern, Verbrechern, Artisten, religiös Wahnsinnigen, sexuellen Merkwürdigkeiten, Sozialdemokraten, Synikalisten, Kommunisten, Anarchisten, Politikern, Künstlern" (hochwichtige, oft einzige, daher unersetzliche, wenngleich tendenziös satirisch gefärbte Quelle über Gusto Gräser und viele seiner Zeitgenossen)

1930: – Robert Landmann: „Ascona Monte Verità" (wichtiges, lebendig erzähltes Quellenwerk)

1978: – Harald Szeemann: „Monte Verità. Berg der Wahrheit, Lokale Anthropologie als Beitrag zur Wiederentdeckung einer neuzeitlichen sakralen Topographie", Katalog Akademie der Künste Berlin (legendärer Kleindruck-Katalog, broschiertes Standardwerk, ungeheuer umfangreich, mit dem umfassendst zusammengestellten Material zu diesem Gesamtthema, extrem reich bebildert)

1979: – Hermann M. Urspring (= Hermann Müller) in: „TAO – Das heilende Geheimnis" (schönes stilles heiliges Opus mit Gräsers freier Laotse-Nachdichtung)

1979: – Hermann Müller: „Der Dichter und sein Guru. Hermann Hesse – Gusto Gräser eine Freundschaft", Gisela Lotz Verlag (bebilderte, grundlegende Beweisführung, daß Gräser der Guru von Hermann Hesse gewesen sei)

1980: – „Landstraße, Kunden, Vagabunden. Gregor Gogs Liga der Heimatlosen", herausgegeben von Klaus Trappmann, 368 Seiten, gerhardt verlag, Berlin (materialreiche Darstellung z. B. über den Vagabundenkongress Stuttgart 1929)

1983: – Ulrich Linse: „Barfüßige Propheten. Erlöser der zwanziger Jahre", Siedler Verlag München (materialreiches Standardwerk; der Terminus ‚Inflationsheilige' kam durch dieses Buch in Umlauf)

1987: – Hermann Müller: „Gusto Gräser. Aus Leben und Werk. Bruchstücke einer Biographie", Knittlingen (bebilderte Broschüre, Sammelsurium positiver Aussagen über Gräser)

1999: – Hermann Müller: „Nachwort zu „Erdsternzeit" (Rarissimum; Privatdruck in 15 Exemplaren)

2001: – „Die Lebensreform. Entwürfe zur Neugestaltung von Leben und Kunst um 1900", zwei riesige Katalogbände, Häusser Media Verlag, Darmstadt (gigantisches, unendlich materialreiches Standard- und Riesenwerk)

2003: – Andreas Schwab: „Monte Verità – Sanatorium der Sehnsucht", Orell Füssli Verlag (märchenhaft schönes Cover, innen aber eine Mythos-Entzauberung durch eine rein betriebswirtschaftliche Analyse)
https://www.youtube.com/watch?v=3O4yfGEZ3rQ

Willy-Ackermann-Quellen:

1986 – Ulrich Linse: „Ökopax und Anarchie. Eine Geschichte der ökologischen Bewegungen in Deutschland", 33. Abb., München
http://www.geocaching.com/geocache/GCHK1K_ackermann?guid=1f65b62a-ec01-45c9-9b5b-47b93d3d21e0